MASTERING MODERN STANDARD ARABIC IDIOMS

MASTERING MODERN STANDARD ARABIC IDIOMS

140 Expressions in Context for Intermediate to Advanced Learners

ASMAA SHEHATA

The American University in Cairo Press
Cairo   New York

Published in © 2025 by
The American University in Cairo Press
113 Sharia Kasr el Aini, Cairo, Egypt
420 Lexington Avenue, Suite 1644, New York, NY 10170
www.aucpress.com

Copyright © 2025 by Asmaa Shehata

All rights reserved. No part of this publication may be reproduced, stored in a retrieval system, or transmitted in any form or by any means, electronic, mechanical, photocopying, recording, or otherwise, without the prior written permission of the publisher.

ISBN 978 1 649 03421 2

Names: Shehata, Asmaa, author.
Title: Mastering modern standard Arabic idioms : 140 expressions in context for intermediate to advanced learners / Asmaa Shehata.
Identifiers: LCCN 2024049054 | ISBN 9781649034212 (trade paperback) | ISBN 9781649034229 (adobe pdf)
Subjects: LCSH: Arabic language--Idioms. | Arabic language--Spoken Arabic. | Arabic language--Textbooks for foreign speakers--English.
Classification: LCC PJ6167 .S54 2025 | DDC 492.7/8--dc23/eng/20250129

1 2 3 4 5   29 28 27 26 25

Designed by David G. Hanna

To learners of Arabic

May the pages of this book be your trusted companion on your journey, guiding you through the intricate tapestry of the Arabic language, culture, and connections that they bring.

Happy learning!

Contents

Introduction	ix
1. The Human Body	1
2. Animals and Wildlife	67
3. Time	81
4. Everyday Life	95
5. Colors	123
6. Inanimate Objects	135
7. The Earth and the Sky	153
8. The Senses	173
Idioms Listed Alphabetically	193

Introduction

Idioms are the flavor of language, bringing color, humor, and cultural subtlety to communication. They are dynamic, vivid, and more in line with people's true feelings and their local way of life. Idioms thus need to be mastered by language learners since they are common in everyday speech and demand a high degree of proficiency to express complicated ideas. In fact, using idioms involves more than just memorization of phrases. It entails exploring a language's subtle cultural and social undertones to communicate eloquently and truthfully. It is a crucial element of complete mastery since it enhances and deepens language learning.

Aims

Mastering Modern Standard Arabic Idioms is a collection of idiomatic expressions used in Modern Standard Arabic (MSA) that aims to help learners become more proficient, self-assured, and skillful in using idiomatic expressions appropriately in their interactions. It is an engaging dive into the vibrant world of idioms, seeking to unveil the hidden meanings, cultural nuances, and cognitive intricacies embedded within these seemingly ordinary expressions, and where interactive activities, and real-world dialogues bring language to life. By using an integrated method that mirrors current usage, this book additionally strives to increase the student's fluency in Modern Standard Arabic. It will assist with mastery of both literary and media Arabic—enhancing students' ability to read, listen to, and engage in diverse subjects and mediums from current affairs to cultural and literary texts and debates.

Level

This book is aimed at students ranging from intermediate-high to advanced-high on the ACTFL competence scale, or CEFR level B1 to C2. The English translation follows each Arabic idiom to offer students common, accurate translations. This book can be used as a supplementary resource, either in a classroom setting by adopting certain segments, or by students for self-study. This book is also a useful tool for translators and diplomats interested in learning more about Arabic culture and can be used by linguists and language researchers for comparison with other languages. In addition, the book is an invaluable resource for learners of Arabic as a foreign language, particularly in a study abroad setting, to develop their communicative competence.

Structure

The book is divided into eight parts according to theme, where each part includes the most common Arabic idioms related to that particular theme. Each idiom is presented with an English translation, and a short narrative or dialogue in Arabic, also with an English translation, to show how the idiom is used. These examples are to aid in comprehension and to offer genuine social context that sheds light on their meanings. At the end of each part, exercises enable students to practice the idioms, review their meanings, and assimilate knowledge through repetition.

In essence, the book provides a thorough approach to improving students' written and oral proficiency in MSA. Students can utilize this book to improve both the overall quality of their writing and their oral communication abilities by integrating these idiomatic expressions effectively to add depth and color to their Arabic language.

1

The Human Body

يَأْخُذُ العَقْلَ

breathtaking; astonishing

نِرْمِيْنُ: صدِيْقَتِي نَهْلَةُ رُزِقَتْ بِطِفْلٍ جَدِيْدٍ.
رَحْمَةُ: هَذَا خَبَرٌ رَائِعٌ، هَلْ قُمْتِ بِزِيَارَتِهَا؟
نِرْمِيْنُ: نَعَمْ، ذَهَبْتُ إِلَيْهَا صَبَاحَ اليَوْمِ.
رَحْمَةُ: مَا اِسْمُ المَوْلُوْدِ؟ وَكَيْفَ يَبْدُو؟
نِرْمِيْنُ: اِسْمُهُ خَالِدٌ، وَهُوَ طِفْلٌ جَمَالُهُ **يَأْخُذُ العَقْلَ**.

Nermin: My friend Nahla gave birth to a baby boy.
Rahma: That is wonderful news, have you visited her?
Nermin: Yes, I went to see her this morning.
Rahma: What is the baby's name? What does he look like?
Nermin: His name is Khaled, and he is **breathtaking**!

طَارَ عَقْلُهُ (هَا)

to lose one's mind

حَمْزَةُ: أَخِي طَارَ عَقْلُهُ.
عَلَاءُ: مَاذَا حَدَثَ؟
حَمْزَةُ: عِنْدَمَا عَرَفَ أَنِّي سَأُسَافِرُ بِدُوْنِهِ؛ قَامَ بِتَكْسِيْرِ الكَرَاسِيِّ وَالطَاوِلَةِ فِي غُرْفَةِ الجُلُوْسِ.
عَلَاءُ: هَذَا شَيْءٌ غَرِيْبٌ!

Hamza: My brother has **lost his mind**.
Alaa: What happened?
Hamza: When he found out that I was traveling without him, he broke the chairs and the table in the living room in anger.
Alaa: That is crazy!

رَأْسًا عَلَى عَقِبْ

to drastically change; to be upside down; topsy-turvy

مُنَى: تَغَيَّرَتْ حَيَاتُنَا رَأْسًا عَلَى عَقِبٍ بَعْدَ التَّخَرُّجِ فِي الجَامِعَةِ.
عُمَرُ: كَيْفَ؟
مُنَى: قَبْلَ التَّخَرُّجِ كَانَتِ الدِّرَاسَةُ كُلَّ مَسْؤُولِيَّتِنَا، لَكِنْ بَعْدَ التَّخَرُّجِ أَصْبَحْنَا مَسْؤُوْلِيْنَ عَنْ كُلِّ شَيْءٍ.
عُمَرُ: صَحِيحٌ.

Mona: Our lives **drastically changed** after graduation.
Omar: How?
Mona: Before graduation we were only responsible for our studies, but now we have become responsible for everything.
Omar: True.

دَفَنَ (تْ) رَأْسَهُ (هَا) فِي الرِّمَالْ

to hide; ignore something; bury one's head in the sand

زَكِيٌّ: كُنْتُ أَقُوْدُ سَيَّارَةَ وَالِدِي أَمْسِ وَتَعَرَّضْتُ لِحَادِثٍ أَلِيْمٍ.
رَغْدَةُ: هَلْ أَنْتَ بِخَيْرٍ؟
زَكِيٌّ: نَعَمْ؛ أَنَا لَسْتُ مُصَابًا، لَكِنَّ السَّيَّارَةَ دُمِّرَتْ، وَلَا أَعْرِفُ كَيْفَ أُخْبِرُ وَالِدِي.
رَغْدَةُ: لَا تَدْفِنْ رَأْسَكَ فِي الرِّمَالِ كَالنَّعَامَةِ، اِعْتَرِفْ بِخَطَئِكَ وَأَخْبِرْ وَالِدَكَ.

Zaki: I was driving my father's car yesterday and had a terrible accident.

Raghda: Are you okay?

Zaki: Yes, I am not injured but the car was destroyed. I do not know how to tell my dad.

Raghda: You cannot **bury your head in the sand** like an ostrich. Admit what you've done and confess to your father.

أَرَاقَ (تْ) مَاءَ وَجْهِهِ (هَا)

to humiliate oneself

نَدَى: حُسَامٌ صَحَفِيٌّ نَاجِحٌ، دَائِمًا عِنْدَهُ كُلُّ الأَخْبَارِ الحَصْرِيَّةِ.
غَادَةُ: أَخْتَلِفُ مَعَكِ، فِي رَأْيِي هو شَخْصٌ غَرِيْبٌ جِدًّا.
نَدَى: لِمَاذَا؟
غَادَةُ: لَا يُمَانِعُ أَنْ يُرِيْقَ مَاءَ وَجْهِهِ لِلْحُصُوْلِ عَلَى الأَخْبَارِ مِنْ مَصَادِرِهِ.

Nada: Hossam is a successful journalist; he always has all the exclusive news.
Ghada: I do not agree with you, I find him peculiar.
Nada: Why?
Ghada: He is willing to **humiliate himself** to get scoops from his sources.

بَشُوْشٌ (بَشُوْشَةٌ) الوَجْهِ

to have a pleasant demeanor; good-natured

نادرٌ: مَنْ هَذَا؟
كامِلٌ: هَذَا صَدِيْقِي أَشْرَفُ.
نادِرٌ: مُنْذُ مَتَى وَأَنْتُمَا أَصْدِقَاءُ؟
كامِلٌ: نَحْنُ أَصْدِقَاءُ مُنْذُ الطُّفُوْلَةِ، وَأَنَا أُحِبُّهُ كَثِيْرًا، فَهُوَ طَيِّبُ القَلْبِ، وَدَائِمًا **بَشُوْشُ الوَجْهِ.**

Nader: Who is he?
Kamel: He is my friend Ashraf.
Nader: How long have you been friends?
Kamel: We have been friends since childhood and I like him very much, he is kind-hearted and **good-natured.**

حَفِظَ (تْ) مَاءَ وَجْهِهِ (هَا)

to save face; to avoid humiliation

عِصَامٌ: هَلْ تَعْرِفُ أَيْنَ جَلَالٌ يَا شَاهِيْنٌ؟
شَاهِيْنٌ: لا، لَكِنَّهُ **حَفِظَ مَاءَ وَجْهِهِ** وَاسْتَقَالَ.
عِصَامٌ: حَقًّا؟ لِمَاذَا؟
شَاهِيْنٌ: نَشَرَ مَقَالًا يَنْتَقِدُ فِيْهِ مُدِيْرَهُ وَزُمَلاءَهُ وَمَكَانَ عَمَلِهِ وَهَذَا خَطَأٌ كَبِيرٌ.
عِصَامٌ: لَقَدْ أَخْطَأَ حَقًّا، أَتَفِقُ مَعَكَ.

Issam: Shaheen, do you know where Jalal is?
Shaheen: I heard he resigned to **save face.**
Issam: Really? Why?
Shaheen: He published an article criticizing his manager, colleagues, and workplace, which was a big mistake.
Issam: I agree with you, he was wrong to do that.

دُونَ وَجْهِ حَقّ

unjustly; unlawfully; unfairly

ميشيل: مَاذَا تَعْرِفُ عَنْ قَضِيَّةِ لُوكَرْبِي؟
سَامِرٌ: إِنَّ قَضِيَّةَ لُوكَرْبِي قَضِيَّةٌ جِنَائِيَّةٌ، تَمَّ تَسْيِيسُهَا دُونَ وَجْهِ حَقٍّ.
ميشيل: وَهَلْ تَمَّ حَلُّهَا؟
سَامِرٌ: مَعَ الْأَسَفِ، أُغْلِقَتْ بِدُونِ حَلٍّ عَادِلٍ.

Michael: What do you know about the Lockerbie case?
Samer: It was a criminal case that became **unfairly** politicized.
Michael: Has it been resolved?
Samer: Unfortunately, the case was closed without a just resolution.

ذُوْ (ذَاتُ) وَجْهَيْنْ

hypocrite; two-faced

اِبْتِسَامُ: خَلِيلٌ طَمَّاعٌ وذُوْ وَجْهَيْنِ.
حَاتِمٌ: لِمَاذَا؟
اِبْتِسَامُ: أَخْبَرْتُهُ أَنِّي أَحْتَاجُ إِلى سَيَّارَةٍ وَلَا أَمْلِكُ سِوَى ٥٠٠٠ جُنَيْهٍ فوَعَدَنِي بِأَنْ يَبِيْعَ سَيَّارَتَهُ لِيْ، وَبَعْدَ أَنِ اعْتَمَدتُ عَلَيْهِ وَأَعْطَيْتُهُ النُّقُوْدَ أَعَادَهَا لِي قَبْلَ تَوْثِيْقِ العُقُوْدِ، ثُمَّ بَاعَ السَّيَّارَةَ لِشَخْصٍ آخَرَ دَفَعَ لَهُ أَكْثَرَ.
حَاتِمٌ: يَجِبُ أَنْ أَكُوْنَ حَذِرًا إِذَنْ.

Ibtissam: Watch out for Khalil, he is a greedy, **two-faced** person.
Hatem: Why do you say that?
Ibtissam: I told him that I needed a car and that I only have 5000 pounds. He promised to sell me his car and I trusted him and gave him the money. He gave me the money back before notarizing the contracts, then sold the car to someone else who paid more.
Hatem: I need to be careful when dealing with him, then.

وَجْهَانِ لِعُمْلَةٍ وَاحِدَةٍ

Two sides of the same coin

مَيَارُ: مَا الفَرْقُ بَيْنَ الحُبِّ وَالحُزْنِ؟
مُهَنَّدُ: الحُبُّ والحُزْنُ وَجْهَانِ لِعُمْلَةٍ وَاحِدَةٍ.
مَيَارُ: كَيْفَ ذَلِكَ؟
مُهَنَّدُ: الحُبُّ يَجْلِبُ لَكَ حُزْنًا لَا يُفارِقُكَ أَبَدًا.

Mayar: What is the difference between love and sadness?
Mohannad: Love and sadness are **two sides of the same coin**.
Mayar: How is that?
Mohannad: Love can bring a sadness that never leaves you.

وَجْهُهُ (هَا) مَقْلُوْبٌ

To mope around; depressed

مُنِيْرَةُ: كَيْفَ حَالُ زَوْجِكِ يَا سَالِي؟
سَالِي: لَيْسَ بِخَيْرٍ، مَعَ الأَسَفِ.
مُنِيْرَةُ: لِمَاذَا؟ مَاذَا حَدَثَ؟
سَالِي: فَقَدَ وَظِيْفَتَه، ووَجْهُهُ مَقْلُوْبٌ طَوَالَ الوَقْتِ.
مُنِيْرَةُ: إِنْ شَاءَ اللهُ سَيَكُونُ كُلُّ شَيْءٍ أَفْضَلَ قَرِيْبًا.

Munira: Sally, how is your husband?
Sally: Not well, unfortunately.
Munira: Why? What happened?
Sally: He lost his job and is **moping around** all the time.
Munira: God willing, everything will be better soon.

هَائِمٌ (هَائِمَةٌ) عَلَى وَجْهِهِ (هَا)

to aimlessly wander; to roam around

مَنْصُورٌ: هَلْ قَضَيْتَ وَقْتًا مَعَ صَدِيْقِكَ جُوْن عِنْدَمَا زَارَ مِصْرَ الأُسْبُوعَ المَاضِيْ؟
عِمَادٌ: مَعَ الأَسَفِ لَمْ أَتَمَكَّنْ مِنْ مُقَابَلَتِهِ.
مَنْصُورٌ: لِمَاذَا؟
عِمَادٌ: كَانَ يَقْضِيَ يَوْمًا وَاحِدًا فَقَطْ فِي القَاهِرَةِ، لِذَلِكَ أَمْضَى الوَقْتَ **هَائِمًا عَلَى وَجْهِهِ** فِي الشَّوَارِعِ مُحَاوِلًا التَّعَرُّفَ عَلَى المَدِيْنَةِ.
مَنْصُورٌ: وَمَتَى سَافَرَ؟
عِمَادٌ: الخميسَ الماضي.
مَنْصُورٌ: إِنْ شَاءَ اللهُ تَتَقَابَلَانِ قَرِيْبًا.

Mansour: Did you spend time with your friend John when he visited Egypt last week?
Emad: Unfortunately, I was not able to meet him.
Mansour: Why not?
Emad: He was only in Cairo for a day, so he spent his time **roaming around** the streets trying to get to know the city.
Mansour: When did he travel?
Emad: Last Thursday.
Mansour: God willing, you two will meet soon.

الْعَيْنُ بِالْعَيْنْ

an eye for an eye

الأُمُّ: لِمَاذَا كَسَرْتِ هَاتِفَ أُخْتِكِ يَا رِيْمُ؟
رِيْمُ: الْعَيْنُ بِالْعَيْنِ!
الأُمُّ: مَاذَا فَعَلَتْ لَكِ؟
رِيْمُ: هِيَ كَسَرَتْ هَاتِفِي بالأَمْسِ، لِذَلِكَ أَنَا كَسَرْتُ هَاتِفَهَا الْيَوْمَ.
اَلْأُمُّ: كَانَ يَجِبُ أَنْ تُخْبِرِينِي لَا أَنْ تَكْسِرِي هَاتِفَهَا.
رِيمُ: أَعْتَذِرُ يَا أُمِّي وَلَنْ أُكَرِّرَ ذَلِكَ أَبَدًا.

Mother: Why did you break your sister's phone, Reem?
Reem: An eye for an eye!
Mother: What did she do to you?
Reem: She broke my phone yesterday, so I broke hers today.
Mother: You should have told me about it instead of breaking her phone.
Reem: I am sorry mother; I will never do that again.

قُرَّةُ عَيْنْ

the apple of one's eye

حَازِمٌ: لِلْأَسَفِ، أُخْتِيَ الصَّغِيرَةُ لَا تَتَذَكَّرُ وَالِدَنَا رَحْمَةُ اللّٰهِ عَلَيْهِ.
مَالِكٌ: مَتَى مَاتَ وَالِدُكُمْ؟
حَازِمٌ: مَاتَ مُنْذُ عَشْرِ سَنَوَاتٍ عِنْدَمَا كَانَتْ فِي الثَّانِيَةِ مِنْ عُمْرِهَا.
مَالِكٌ: مَاذَا تُرِيدُهَا أَنْ تَعْرِفَ عَنْهُ؟
حَازِمٌ: أُرِيدُهَا أَنْ تَعْرِفَ أَنَّهَا كَانَت **قُرَّةَ عَيْنِهِ**.

Hazem: Unfortunately, my little sister does not remember our father, God rest his soul.
Malek: When did your father die?
Hazem: He died ten years ago when she was two years old.
Malek: What do you want her to know about him?
Hazem: I want her to know that she was **the apple of his eye**.

نُصْبَ عَيْنَيْهِ (هَا)

to set sight on; to target something or someone

طَارِقٌ: هَلْ تَعْرِفُ اللَّاعِبَ الجَدِيْدَ الَّذِيْ سَيَتَعَاقَدُ مَعَهُ نادِي بَارِيْس سَانْ جِرْمَان الفَرَنْسِيُّ؟

حَامِدٌ: نَادِي بَارِيْس سَانْ جِرْمَان الفَرَنْسِيُّ يَضَعُ نَجْمَ كُرَةِ القَدَمِ الْمِصْرِيَّ مُحَمَّدٌ صَلَاحٌ **نُصْبَ عَيْنَيْهِ.**

طَارِقٌ: لِمَاذَا؟

حَامِدٌ: لِتَعْوِيْضِ **نَجْمَهِ** الفَرَنْسِيِّ الشَّابِ كيليان مبابي فِي حَالِ رَفْضِهِ تَوْقِيْعَ عَقْدٍ جَدِيْدٍ مَعَ الفَرِيْقِ الفَرَنْسِيِّ.

Tariq: Do you know about the new player that the French club Paris Saint-Germain want to sign?

Hamed: Paris Saint-Germain **is targeting** Egyptian football star Mohamed Salah.

Tariq: Why?

Hamed: To replace their young French star, Kylian Mbappe, in the event he refuses to sign a new contract with the club.

دُوْنَ أَنْ يُطْرَفَ لَهُ (هَا) جَفْنٌ

without batting an eye

هَالَةٌ: يَا لَهُ مِنْ حَادِثٍ مُرَوِّعٍ.
إِيْمَانُ: مَاذَا حَدَثَ؟
هَالَةٌ: أُمٌّ أَلْقَتِ ابْنَتَهَا فِي نَهَرِ دِجْلَةَ دُوْنَ أَنْ يُطْرَفَ لَهَا جَفْنٌ.
إِيْمَانٌ: يَا اللهُ، إِنَّهُ شَيْءٌ قَاسٍ.

Hala: What a terrible incident.
Eman: What happened?
Hala: A mother threw her daughter in the Tigris River **without batting an eye**.
Eman: Oh God, this is awful.

نَامَ (تْ) مِلْءَ الجُفُونْ

to sleep like a baby

الأَبُ: هَلْ عَادَ مُرَادٌ مِنَ الْمَدْرَسَةِ؟
الأُمُّ: نَعَمْ.
الأَبُ: مَتَى عَادَ إِلَى البَيْتِ؟
الأُمُّ: عَادَ إِلَى البَيْتِ فِي السَّاعَةِ الرَّابِعَةِ.
الأَبُ: أَيْنَ هُوَ الآنَ؟
الأُمُّ: مَا إِنْ دَخَلَ البَيْتَ حَتَّى ذَهَبَ إِلَى غُرْفَتِهِ وَنَامَ مِلْءَ جَفْنَيْهِ.

Father: Did Murad come back from school?
Mother: Yes.
Father: When did he come home?
Mother: He arrived at four o'clock.
Father: Where is he now?
Mother: As soon as he entered the house, he went to his room and is **sleeping like a baby**.

رَغِمَ أَنْفُ

against one's will

مَنَار: مَا أَهَمُّ شَيْءٍ تَعْرِفُهُ عَنِ الأَحْزَابِ السِيَاسِيةِ فِي الوِلَايَاتِ المُتَّحِدَةِ؟
شَهِيرَةُ: لَا يُمْكِنُ لِأَيِّ حِزْبٍ سِيَاسِيٍّ، مَهْمَا كَانَ قَوِيًّا، أَنْ يُجْبِرَ المُوَاطِنِينَ عَلَى الْمُشَارَكَةِ فِي إِسْتِفْتَاءٍ رَغْمَ أَنْفِهِمْ.
مَنَار: هَذِهِ هِيَ الدِّيمُقْرَاطِيَّة.
شَهِيرَةُ: أَتَمَنَّى أَلَّا يُجْبَرُ المُوَاطِنُوْنَ عَلَى شيءٍ فِي أَيِّ مَكَانٍ فِي العَالَمِ.

Manar: What is the most important thing you know about political parties in the United States?

Shahira: No political party, no matter how strong, can force citizens to participate in a referendum **against their will**.

Manar: This is democracy.

Shahira: I hope that citizens are not forced to do anything anywhere in the world.

وَضَعَ (تْ) أَنْفَهُ (هَا) فِي الأَمْرْ

to stick your nose; pry; intrude

حَاتِمٌ: جِيْرَانُنَا اِشْتَرَوْا سَيَّارَةً جَدِيْدَةً.
الْوَالِدُ: مَا شَأْنُنَا بِهَذَا؟
حَاتِمٌ: لَا شَأْنَ لَنَا بِهِ، وَلَكِنِّي أَرَدْتُ أَنْ أُشَارِكَكَ الْخَبَرَ.
الْوَالِدُ: لَقَدْ أَخْبَرْتُكَ عِدَّةَ مَرَّاتٍ مِنْ قَبْلُ أَلَّا **تَضَعَ أَنْفَكَ فِي** شُؤُوْنِ الأَخَرِيْنَ.

Hatem: Our neighbors bought a new car.
Father: What does that have to do with us?
Hatem: Nothing, but I wanted to share the news with you.
Father: I told you many times before not to **stick your nose** into people's affairs.

زَلَّةُ لِسَانْ

a slip of the tongue

رَاضِي: لِمَاذَا أَخْبَرْتِ وَالِدَتِي أَنِّي تَرَكْتُ عَمَلِي؟
مُنَى: سَامِحْنِي؛ فَقَدْ كَانَتْ **زَلَّةَ لِسَانٍ** مِنِّي.
رَاضِي: لَا مُشْكِلَةَ، كُنْتُ أُرِيدُ أَلَّا أُحْزِنَهَا.
مُنَى: أَعْتَذِرُ بِشِدَّةٍ.

Rady: Why did you tell my mother that I quit my job?
Mona: Forgive me. It was **a slip of the tongue**.
Rady: No problem, I did not want to make her sad.
Mona: I am very sorry.

سِيرَتُهُ (هَا) عَلَى كُلِّ لِسَانْ

to be the talk of the town; of ill repute; scandalous

اَلْأُمُّ: هَلْ قَابَلْتَ اَلْمُدِيرَ اَلْجَدِيدَ، مُنِيرٌ؟

اَلِابْنَةُ: نَعَمْ، لَكِنَّنِي سَمِعْتُ أَنَّهُ سَيِّئُ اَلسُّمْعَةِ وسِيرَتُهُ عَلَى كُلِّ لِسَانٍ.

اَلْأُمُّ: حَقًّا؟ مَاذَا فَعَلَ؟

اَلِابْنَةُ: يَقُولُ اَلنَّاسُ إِنَّهُ وَاجَهَ مَشَاكِلَ تَتَعَلَّقُ بِالسَّرِقَةِ وَسُوءِ اَلْإِدَارَةِ فِي وَظَائِفِهِ اَلسَّابِقَةِ.

اَلْأُمُّ: هَذَا يَبْدُو مُثِيرًا لِلْقَلَقِ.

اَلِابْنَةُ: إِنَّهُ كَذَلِكَ بِالتَّأْكِيدِ. يَجِبُ أَنْ نُرَاقِبَ كَيْفَ سَيَتَعَامَلُ مَعَ اَلْأُمُورِ هُنَا.

اَلْأُمُّ: أَتَّفِقُ مَعَكِ. مِنَ اَلْمُهِمِّ تَوَخِّي اَلْحَذَرِ.

Mother: Have you met the new manager, Munir?

Daughter: Yes, but I heard he is **of ill repute**.

Mother: Really? What did he do?

Daughter: People say he caused problems related to theft and poor management in his past jobs.

Mother: That raises some serious concerns.

Daughter: It certainly does. We should keep an eye on how he handles things here.

Mother: I agree. It's best to be cautious.

طَوِيْلُ (طَوِيْلَةُ) اللِّسَانْ

vulgar; abusive; to have a sharp tongue

نَجْمٌ: مَنْ هِيَ وَزِيْرَةُ الْعَدْلِ الفَرَنْسِيَّةُ الجَدِيْدَةُ؟

تَامِرٌ: وَزِيْرَةُ الْعَدْلِ الفَرَنْسِيَّةُ الجَدِيْدَةُ مِنْ أُصُوْلٍ عَرَبِيَّةٍ، وَاسْمُهَا: رَشِيْدَةُ دَاتِي.

نَجْمٌ: هَلْ تَعْرِفُ لِمَاذَا اِسْتَقَالَ مُسَاعِدُهَا؟

تَامِرٌ: لَقَدْ دَفَعَتْ مُسَاعِدَهَا لِتَقْدِيْمِ اِسْتِقَالَتِهِ لِأَنَّهَا **طَوِيْلَةُ اللِّسَانِ** وَهُوَ رَفَضَ التَّعَامُلَ مَعَ ذَلِكَ.

Najm: Who is the new French Minister of Justice?

Tamer: The new French Minister of Justice is of Arab origin and her name is Rashida Dati.

Najm: Do you know why her assistant resigned?

Tamer: She recently pushed her assistant to resign because she **has a sharp tongue** and he refused to deal with her.

عَلَى طَرَفِ لِسَانْ

on the tip of my tongue

نَدَى: مَا اسْمُ الْمُمَثِّلَةِ اَلَّتِيْ شَاهَدْنَاهَا فِي الْفِيلْمِ الْأُسْبُوعَ الْمَاضِيَ؟
سَمَا: أَعْتَقِدُ أَنِّي أَتَذَكَّرُ اسْمَهَا.
نَدَى: لَعِبَتْ دَوْرَ الْخَادِمَةِ؟
سَمَا: نَعَمْ، أَظُنُّ اسْمَهَا يَبْدَأُ بِحَرْفِ الْهَاءِ.
نَدَى: هَلْ كَانَتْ هِبَةَ؟
سَمَا: لَا لَيْسَتْ هِبَةَ.. اسْمُهَا **عَلَى طَرَفِ لِسَانِي**.. أَظُنُّ هِنْدَ صَبْرِي!
نَدَى: نَعَمْ هِيَ! مُمَثِّلَةٌ عَظِيمَةٌ.
سَمَا: كُنْتُ مُتَأَكِّدَةً أَنِّي سَأَتَذْكَّرُ اسْمَهَا فِي النِّهَايَةِ.

Nada: What's the name of that actress in the movie we saw last week?

Sama: I think I remember it.

Nada: She played the maid, right?

Sama: Yes, her name starts with an "H," I think.

Nada: Was it Heba?

Sama: No, not Heba... It's **on the tip of my tongue**... Oh, Hend Sabry!

Nada: Yes, that's it! She is such a great actress.

Sama: I was sure I'd remember her name eventually.

شَوْكَةٌ فِي الحَلْقِ

a thorn in one's side; a pain in the neck; a nuisance

نَهْلَةٌ: مَاذَا حَدَثَ لِابْنِكِ عُمَرَ؟
وَالِدَةُ عُمَرَ: هَذَا الوَلَدُ شَوْكَةٌ فِي الحَلْقِ.
نَهْلَةٌ: لِمَاذَا؟ مَاذَا فَعَلَ؟
وَالِدَةُ عُمَرَ: مَشَاكِلُهُ كَثِيْرَةٌ، وَيُسَبِّبُ لَنَا المَتَاعِبَ فِي كُلِّ مَكَانٍ.
نَهْلَةٌ: اللهُ يَهْدِيهِ.

Nahla: What happened to your son Omar?
Omar's mother: This boy is **a pain in the neck**.
Nahla: Why? What did he do?
Omar's mother: He has many problems, trouble follows him wherever he goes.
Nahla: May God guide him.

غُصَّةٌ بِالحَلْقْ

a lump in the throat; on the verge of tears

نَدَى: كُلَّمَا أَتَذَكَّرُ خَطِيْبِي -رَحِمَهُ اللهُ- أَشْعُرُ **بِغُصَّةٍ بِحَلْقِي**!
سَمَاح: رَحْمَةُ اللهِ عَلَيْهِ.
نَدَى: شُكْرًا لَكِ.
سَمَاح: لَا شُكْرَ عَلَى وَاجِبٍ.

Nada: Every time I remember my late fiancé, I feel **a lump in my throat**!
Samah: May God have mercy on him.
Nada: Thank you.
Samah: Of course.

أَثْلَجَ صَدْرَ (هُ) (هَا)

warms my heart; to give relief; to bring good news

أَحْلَامُ: نَجَحْتُ فِي الامْتِحَانِ النِّهَائِيِّ.
بَسْمَةُ: مُبَارَكٌ.
أَحْلَامُ: الْآنَ أَسْتَطِيعُ أَنْ أَلْتَحِقَ بِكُلِّيَّةِ الهَنْدَسَةِ الَّتِي كُنْتُ أَحْلُمُ بِهَا.
بَسْمَةُ: أَخْبَارُكِ السَّارَّةُ هَذِهِ أَثْلَجَتْ صَدْرِي.

Ahlam: I passed the final exam.
Basma: Congratulations.
Ahlam: Now I can fulfill my dream of attending the faculty of engineering.
Basma: This good news **warmed my heart**.

اِتَّسَعَ صَدْرُ(هُ) (هَا)

to show breadth of mind; to tolerate; to be forgiving

غَادَةُ: كَيْفَ تَسِيرُ الْأُمُورُ مَعَ زَمِيلَتِكِ الْجَدِيدَةِ فِي السَّكَنِ؟

جُومَانَا: بِصَرَاحَةٍ، كَانَ الْأَمْرُ صَعْبًا. بِالْكَادِ يَتَّسِعُ صَدْرِي لَهَا.

غَادَةُ: حَقًّا؟ مَا الْمُشْكِلَةُ؟

جُومَانَا: إِنَّهَا تُشَغِّلُ مُوسِيقَى صَاخِبَةً فِي وَقْتٍ مُتَأَخِّرٍ مِنَ اللَّيْلِ وَتَتْرُكُ الْمَكَانَ فِي حَالَةٍ مِنَ الْفَوْضَى.

غَادَةُ: يَبْدُو الْأَمْرُ صَعْبًا. هَلْ تَحَدَّثْتِ مَعَهَا عَنِ الْأَمْرِ؟

جُومَانَا: نَعَمْ لَقَدْ تَحَدَّثْتُ، لَكِنَّهَا لَا تَبْدُو مُتَفَهِّمَةً. أُحَاوِلُ تَحَمُّلَ الْأَمْرِ فِي الْوَقْتِ الْحَالِيِّ.

غَادَةُ: آمُلُ أَنْ تَتَحَسَّنَ الْأُمُورُ قَرِيبًا. مِنَ الصَّعْبِ الْعَيْشُ مَعَ شَخْصٍ لَا يُمْكِنُكِ تَحَمُّلُهُ.

جُومَانَا: صَحِيحٌ، أَتَمَنَّى أَنْ نَتَمَكَّنَ مِنْ حَلِّ الْأُمُورِ بَيْنَنَا.

Ghada: How are things going with your new flatmate?

Jumana: Honestly, it has been difficult. I can hardly **tolerate** her.

Ghada: Really? What's the problem?

Jumana: She plays loud music late at night and leaves the place in disarray.

Ghada: It sounds difficult. Did you talk to her about it?

Jumana: Yes, I did, but she does not seem to understand. I'm trying to put up with it for the time being.

Ghada: I hope things improve quickly. It is difficult to live with someone you are unable to bear.

Jumana: True, I hope we can work things out.

بِصَدْرٍ رَحْبٍ

gently; gracefully

حَسَنٌ: مَاذَا فَعَلَ الفَرِيْقَانِ بَعْدَ انْتِهَاءِ المُبَارَاةِ؟
مَحْمُوْدٌ: تَقَبَّلَ الفَرِيقُ المَهْزُوْمُ الخَسَارَةَ بِصَدْرٍ رَحْبٍ.
حَسَنٌ: هَلْ هَنَّأَ الفَرِيْقُ المَهْزُوْمُ الفَرِيْقَ الفَائِزَ؟
مَحْمُوْدٌ: نَعَمْ، هَنَّأَ الفَرِيْقُ المَهْزُوْمُ الفَرِيْقَ الفَائِزَ بِفَوْزِهِ المُسْتَحِقِّ لَهُ.

Hassan: What did the two teams do after the match ended?
Mahmoud: The defeated team accepted the loss **gracefully**.
Hassan: Did they congratulate the winning team?
Mahmoud: Yes, they congratulated the winning team on its well-deserved victory.

اِنْفَطَرَ قَلْبُ (هُ) (هَا)

to have a broken heart

أَشْرَفُ: لِمَاذَا أَنْتَ حَزِيْنٌ؟
بَرَكَاتٌ: تُوُفِّيَتْ وَالِدَةُ صَدِيْقِي أَمْسِ.
أَشْرَفُ: وَكَيفَ حَالُهُ الآنَ؟
بَرَكَاتٌ: **انْفَطَرَ قَلْبُ** صَدِيْقِي لِمَوْتِهَا، وَبَعْدَ سِتِّ سَاعَاتٍ مِنْ دَفْنِ وَالِدَتِهِ أُصِيْبَ بِنَوْبَةٍ قَلْبِيَّةٍ وَتُوُفِّيَ أَيْضًا.
أَشْرَفُ: هَذِهِ أَخْبَارٌ حَزِيْنَةٌ.

Ashraf: Why are you sad?
Barakat: My friend's mother passed away yesterday.
Ashraf: How is he now?
Barakat: My friend was so **heart-broken** that he died of a heart attack 6 hours after his mother was buried.
Ashraf: This is tragic news.

ذُوْ (ذَاتُ) قَلْبٍ أَسْوَدْ

green with envy; spiteful; resentful

سَعِيْدٌ: لِمَاذَا لَا تُحِبُّ جَارَكَ خَلِيْلُ؟
خَلَفٌ: هُوَ ذُوْ قَلْبٍ أَسْوَدَ!
سَعِيْدٌ: كَيْفَ عَرَفْتَ ذَلِكَ؟
خَلَفٌ: عِنْدَمَا عَرَفَ أَنَّ أَخِيْ نَجَحَ فِي الإِمْتِحَانِ، وَسَيُسَافِرُ لِدِرَاسَةِ المَاجِيْسْتِيْرِ فِي أَمرِيْكَا؛ لَم يُبَارِكْ لَهُ.

Said: Why do you not like your neighbor Khalil?
Khalaf: He is **green with envy!**
Said: How did you know that?
Khalaf: When he heard that my brother had passed his exam and was going to study for a master's degree in America, he did not congratulate him.

رَقَّ قَلْبُ (هُ) (هَا) لِـ

to feel pity for someone; to sympathize with someone; to feel emotional about something

---

نَوَالُ: مَاذَا حَدَثَ مَعَ خَالِدٍ؟
نَبِيلُ: يَتَعَاطَفُ الْجَمِيْعُ مَعَهُ كَثِيْرًا.
نَوَالُ: لِمَاذَا تَعَاطَفَ الْجَمِيْعُ مَعَهُ مُؤَخَّرًا؟
نَبِيلُ: لَمَّا مَرِضَ شَحَبَ لَوْنُهُ وَتَغَيَّرَتْ مَلَامِحُ وَجْهِهِ؛ رَقَّ قَلْبُ أَصْدِقَائِهِ لِحَالِهِ.

Nawal: What is going on with Khaled?
Nabil: Everyone has been sympathizing with him.
Nawal: Why are they sympathizing with him lately?
Nabil: When he fell ill, his color turned pale, and his facial features changed. His friends **pity** his condition.

عَنْ ظَهْرِ قَلْبْ

to know and/or learn by heart; to memorize

الأُسْتَاذُ: هَلْ حَفِظْتُمُ القَصِيْدَةَ الجَدِيدَةَ يَا طُلَّابُ؟
الطُّلَّابُ: نَعَمْ، حَفِظْنَاهَا عَنْ ظَهْرِ قَلْبٍ يَا أُسْتَاذُ.
الأُسْتَاذُ: عَظِيمٌ! أُرِيدُ أَنْ أَسْمَعَهَا مِنْكُمُ الْآنَ.
الطُّلَّابُ: بِكُلِّ سُرُورٍ!

Teacher: Have you memorized the new poem?
Students: Yes, we learned the new poem **by heart**.
Teacher: Great! I want to hear it from you now.
Students: With pleasure!

قَلْبًا وَقَالَبًا

thoroughly; inside out; heart and soul

الْأَبُ: مُسْتَعِدٌّ لِلامْتِحَانِ يَا حُسَامُ؟
حُسَامٌ: بِكُلِّ تَأْكِيْدٍ، إِنْ شَاءَ اللهُ.
الْأَبُ: هَلْ دَرَسْتَ هَذِهِ الْمَادَةَ جَيِّدًا؟
حُسَامٌ: نَعَمْ، اِطْمَئِنْ يَا أَبِي. لَقَدْ كُنْتُ أَدْرُسُ هَذِهِ الْمَادَةَ مُنْذُ أَسَابِيْعَ؛ لِذَا فَأَنَا أَعْرِفُهَا **قَلْبًا وَقَالَبًا**.

Father: Are you ready for the exam, Hossam?
Hossam: Absolutely, God willing.
Father: Did you study this subject well?
Hossam: Yes, rest assured father. I have been studying this material for weeks, so I know it **inside out**.

اسْتَعْرَضَ (تْ) عَضَلَاتَ(هُ) (هَا)

to show one's strength; to flex your muscles

نَادِرٌ: مَتَى وَأَيْنَ أُقِيمَتْ مُبَارَاةُ رُبْعِ نِهَائِيِّ دَوْرِي أَبْطَالِ أُورُوبَا "٢٠١٩-٢٠٢٠" بَيْنَ بَرْشِلُونَةَ وَبَايَرْنِ مِيُونِخ؟

رَمَضَانُ: أُقِيمَتْ مُبَارَاةُ رُبْعِ نِهَائِيِّ دَوْرِي أَبْطَالِ أُورُوبَا "٢٠١٩-٢٠٢٠" بَيْنَ بَرْشِلُونَةَ وَبَايَرْنِ مِيُونِخ فِي الرَّابِعِ عَشَرَ مِنْ شَهْرِ أُغُسْطُسْ لِعَامِ ٢٠٢٠ فِي مَلْعَبِ دَا لُوزَ فِي لِشْبُونَة بِالْبُرْتُغَالِ.

نَادِرٌ: وَمَاذَا كَانَتِ النَّتِيجَةُ النِّهَائِيَّةُ لِهَذِهِ الْمُبَارَاةِ؟

رَمَضَانُ: اسْتَعْرَضَ الفَرِيْقُ البَافَارِيُّ **عَضَلَاتَهُ** بِتَسْجِيْلِهِ ثَمَانِيَةَ أَهْدَافٍ مُقَابِلَ هَدَفَيْنِ.

نَادِرٌ: يَا لَهَا مِنْ نَتِيجَةٍ رَائِعَةٍ.

Nader: When and where was the 2019–2020 UEFA Champions League Quarter Final match between Barcelona and Bayern Munich held?

Ramadan: The match was played on August 14, 2020, at Estadio da Luz in Lisbon, Portugal.

Nader: What was the final score?

Ramadan: The Bavarian team **showed its strength** by scoring eight goals against two.

Nader: What a wonderful result.

سَاعِد(هُ) (هَا) الأَيمَن/ ذِرَاعُ (هُ) (هَا) اليُمْنَى

right hand man/woman; to be indispensable for someone

سَمَاحُ: مَنْ هِيَ تِلْكَ المَرْأَةُ بِجَانِبِ الوَزِيْرِ؟
نَادِيَةُ: هِيَ زَوْجَةُ الوَزِيْرِ.
سَمَاحُ: ولِمَاذَا تَظْهَرُ مَعَهُ فِي كُلِّ الصُّوَرِ؟
نَادِيَةُ: هِيَ ذِرَاعُهُ اليُمْنَى، وَوَاحِدَةٌ مِنْ أَلْمَعِ العُقُوْلِ فِي البِلَادِ.

Samah: Who is that women next to the minister in the pictures?
Nadia: She is the minister's wife.
Samah: Why does she appear with him in all the pictures?
Nadia: She is his **right hand woman** and one of the brightest minds in the country.

شَمَّرَ (تْ) عَنْ سَاعِدَيْ(هِ) (هَا)

to prepare for something; to work tirelessly

فَهْدٌ: مَنِ الْمَسْؤُوْلُ عَنْ خُطَّةِ ٢٠٣٠ فِي الشَّرِكَة؟

مُعَاذٌ: الْمُدِيرُ الْجَدِيدُ هُوَ الشَّخْصُ الْمَسْؤُولُ عَنْ خُطَّةِ ٢٠٣٠ فِي الشَّرِكَةِ.

فَهْدٌ: مَاذَا يَفْعَلُ؟

مُعَاذٌ: هُوَ شَمَّرَ عَنْ سَاعِدَيْهِ لِيَبْنِيَ مُسْتَقْبَلًا مُشْرِقًا لِلْشرِكَةِ مِنْ خِلَالِ تَبَنِّي مَشَارِيعَ جَدِيدَةٍ.

فَهْدٌ: رَائِعٌ!

مُعَاذٌ: أَظُنُّ أَنَّهَا خُطَّةٌ وَاعِدَةٌ جِدًّا.

Fahd: Who is responsible for the 2030 plan in the company?

Moaz: The new director is the person responsible for the 2030 plan in the company.

Fahd: What is he doing?

Moaz: He is **working tirelessly** to build a bright future for the company through new projects.

Fahd: Wonderful!

Moaz: I think it is a very promising plan.

أَخَذَ (تْ) بِيَدِ(هِ) (هَا)

to support or help; give someone a hand

الصَّحَفِيُّ: كَيْفَ هِيَ العَلَاقَاتُ بَيْنَ رُوسْيَا وَتُرْكِيَا الْآنَ؟

الْوَزِيْرُ: عَلَى الرَّغْمِ مِنْ أَنَّ بُوتِيْنَ كَانَ يُلَمِّحُ إِلَى مُعَامَلَةِ تُرْكِيَا كَعَدُوٍّ، فإِنَّهُ مِنَ المُدْهِشِ أَنَّهُ **أَخَذَ بِيَدِ** تُرْكِيَا عِنْدَمَا تَخَلَّى الاِتِّحَادُ الأُورُوْبِّيُّ عَنْهَا.

الصَّحَفِيُّ: وَكَيْفَ تَرَى هَذَا التَّغْيِيْرَ؟

الْوَزِيْرُ: تَغْيِيرٌ تَحْكُمُهُ المَصْلحَةُ المُشْتَرَكَةُ.

Journalist: How are the relations between Russia and Turkey now?

Minister: Even though President Putin was alluding to treating Turkey as an enemy, he surprisingly **supported** Turkey when the European Union abandoned it.

Journalist: How do you see this change?

Minister: I think this change was informed by a common interest.

أُسْقِطَ فِي يَدِ (هِ) (هَا)

to be perplexed; to be at loss

الأَبُ: مَاذَا حَدَثَ فِي صَفِّ الرِّيَاضِيَّاتِ الْيَوْمَ؟

الابْنُ: **أُسْقِطَ فِي يَدِيْ** بِسَبَبِ مُشْكِلَةِ الرِّيَاضِيَّاتِ الَّتِي قَدَّمَهَا لِيَ أُسْتَاذِي.

الْأَبُ: هَلْ كَانَتْ صَعْبَةً؟

الِابْنُ: نَعَمْ، كَانَتْ صَعْبَةً لِلْغَايَةِ. وَفِي النِّهَايَةِ كُنْتُ بِحَاجَةٍ إِلَى مُسَاعَدَتِهِ لِحَلِّهَا.

Father: How was math class today?

Son: I was so **perplexed** by the math problem my teacher gave me.

Father: Was it difficult?

Son: Yes, it was so difficult that I needed his help to solve it in the end.

أطْلَقَ (تْ) يَدَ (هُ) (هَا)

to give someone a free hand

طَارِقٌ: مَنْ زَيَّنَ غُرْفَةَ الطِّفْلِ؟
الأُمُّ: أَطْلَقْتُ يَدَ ابْنِيَ الأَكْبَرِ فِي تَزْيِيْنِ غُرْفَةِ أَخِيْهِ.
طَارِقٌ: وَمَنِ اخْتَارَ أَنْوَاعَ الطَّعَامِ المُنَاسِبَةَ لِحَفْلِ عِيدِ مِيلَادِهِ؟
الأُمُّ: هُوَ أَيْضًا مَنِ اخْتَارَ أَنْوَاعَ الطَّعَامِ المُنَاسِبَةَ لِحَفْلِ عِيدِ مِيلَادِهِ.
طَارِقٌ: رَائِعٌ!

Tariq: Who decorated the baby's room?

Mother: I **gave** my eldest son **a free hand** in decorating his brother's room.

Tariq: Who chose the appropriate types of food for his birthday party?

Mother: He was also the one responsible for selecting the food for the party.

Tariq: Marvelous!

خَاوِي (خَاوِيَةُ) اليَدَيْنِ/ الوِفَاضْ

to come empty-handed or without a catch

جُوْرْج: لِمَاذَا احْتَجَّ مَسْؤُوْلُو نَادِي اتِّحَادِ جَدَّةَ السُّعُوْدِيِّ؟

رَامِزٌ: احْتَجَّ مَسْؤُوْلُو نَادِي اتِّحَادِ جَدَّةَ السُّعُوْدِيِّ عَلَى قَرَارِ لَجْنَةِ الاِنْضِبَاطِ وَالأَخْلَاقِ بِشَأْنِ مُشَارَكَةِ لَاعِبِ أَبْهَا أَحْمَدُ مُصْطَفَى فِي مُبَارَاةِ الفَرِيْقَيْنِ فِي ٢٧ أُكْتُوْبَرَ المَاضِي.

جُوْرْج: وَماذَا كَانَ قَرَارُ لَجْنَةِ الاِنْضِبَاطِ وَالأَخْلَاقِ؟

رَامِزٌ: رَفَضَتْ لَجْنَةُ الاِنْضِبَاطِ وَالأَخْلَاقِ احْتِجَاجَ نَادِي اتِّحَادِ جَدَّةَ السُّعُوْدِيِّ عَلَى مُشَارَكَةِ لَاعِبِ أَبْهَا أَحْمَدَ مُصْطَفَى فِي مُبَارَاةِ الفَرِيْقَيْنِ فِي ٢٧ أُكْتُوْبَرَ المَاضِي، وَهَكَذَا خَرَجَ نَادِي الاِتِّحَادِ السُّعُوْدِيُّ **خَالِيَ الوِفَاضِ**، وَخَسِرَ ٣٠ أَلْفَ رِيَالٍ أَيْضًا.

George: Why did the Saudi Jeddah club officials protest?

Ramez: Officials of the Saudi Jeddah Ittihad Club protested against the decision of the Disciplinary and Ethics Committee regarding the participation of the player Abha Ahmed Mustafa, who appeared in the match last October 27.

George: What was the decision of the Disciplinary and Ethics Committee?

Ramez: They rejected Al-Ittihad Club's protest against the participation of the player. Thus, Al-Ittihad Club came out **empty-handed** and lost thirty thousand riyals as well.

ضِيْقُ (ذَاتِ) اليَدْ

to be in poverty or in distress

كَرِيْمٌ: مَا هُوَ قَرَارُ لَجْنَةِ حُقُوْقِ الطِّفْلِ بِشَأْنِ الْأُسَرِ الْمُحْتَاجَةِ إِلَى مُسَاعَدَةٍ إِنْسَانِيَّةٍ بِجُزُرِ مَارْشَالَ؟

فُؤَادٌ: أَوْصَتْ لَجْنَةُ حُقُوْقِ الطِّفْلِ بِأَنْ تَتَكَفَّلَ جُزُرُ مَارْشَالَ بِإِنْشَاءِ نِظَامِ دَعْمٍ مَالِيٍّ لِصَالِحِ الأُسَرِ الَّتِي تُعَانِي **ضِيْقَ ذَاتِ اليَدِ.**

كَرِيمٌ: وَمَتَى سَيَبْدَأُ هَذَا الدَّعْمُ الْمَالِيُّ لِصَالِحِ الْأُسَرِ؟

فُؤَادٌ: سَيَبْدَأُ الشَّهْرَ الْقَادِمَ.

Karim: What is the decision of the Committee on the Rights of the Child regarding families in need of humanitarian assistance in the Marshall Island?

Fouad: They recommended that the Marshall Islands establish a financial support system for families **in distress**.

Karim: When will this financial support for families start?

Fouad: It will start next month.

طَوِيْلُ (طَوِيْلَةُ) اليَدْ

thieving (literally "long-handed")

الأَسْتَاذُ: مَاذَا تَعْرِفُ عَنِ التَّعْبِيْرِ "طَوِيْلُ اليَدِ"؟
الطَّالِبَةُ: "طَوِيْلُ اليَدِ" كَانَ وَصْفًا لِلْشَّخْصِ الكَرِيْمِ.
الْأُسْتَاذُ: هَلْ تَغَيَّرَ الْمَعْنَى الْآنَ؟
الطَّالِبَةُ: نَعَمْ، يَتِمُّ اسْتِخْدَامُهُ الْيَوْمَ لِوَصْفِ اللِّصِّ.

Professor: What do you know about the expression "**long-handed**"?
Student: "**Long-handed**" was a phrase used to describe a generous person.
Professor: Has the meaning changed now?
Student: Yes, it is used today to describe a thief.

قَصِيرٌ (قَصِيرَةٌ) اليَدِ - لَا حَوْلَ لَهُ (هَا)

to be helpless; powerless

مِنَّةُ: هَلْ يُمْكِنُكَ مُسَاعَدَةَ أَخِيْكَ صَبْرِي فِي مُشْكِلَتِهِ الحَالِيَّةِ؟
أَمْجَدٌ: مَعَ مَنْ مُشْكِلَتُهُ الحَالِيَّةُ؟
مِنَّةُ: مَعَ زَوْجَتِهِ نَجْوَى.
أَمْجَدٌ: يَبْدُو أَنَّ الوَضْعَ مَيْؤُوْسٌ مِنْهُ، وَأَنَا **قَصِيْرُ اليَدِ**، لِأَنَّ الأَشْيَاءَ لَا تَتَغَيَّرُ أَبَدًا بَيْنَهُمَا.

Menna: Can you help your brother Sabri solve his problem?
Amgad: Who is his problem with?
Menna: With his wife Najwa.
Amgad: The situation seems hopeless, and I feel **helpless** because things never change between them.

لَهُ (هَا) يَدٌ/ أَيَادٍ بَيْضَاءُ

to participate or contribute in

مَارِيَةُ: أُرِيدُ أَنْ أَشْكُرَ وَالِدَكِ كَثِيرًا.
نَادِيَةُ: لِمَاذَا؟ مَاذَا فَعَلَ؟
مَارِيَةُ: **لَهُ أَيَادٍ بَيْضَاءُ** فِي إِنْجَاحِ مَزْرَعَتِي وبَاعَ لِيَ الأَرْضَ بِسِعْرٍ زَهِيدٍ وَعَلى أَقْسَاطٍ أَيْضًا، وَدَائِمًا كَانَ مُتَعَاوِنًا مَعِي.
نَادِيَةُ: سَوْفَ أُبَلِّغُهُ شُكْرَكِ وَامْتِنَانَكِ لَهُ.

Maria: I want to thank your father very much.
Nadia: Why? What did he do?
Maria: He **participated** in my farm's success; he sold me the land at a low price and in installments and was always helpful.
Nadia: I will convey your thanks and gratitude to him.

مَا بِاليَدِ حِيْلَةٌ

to be helpless; unable to help

جَمَالٌ: لِمَاذَا أَنْتَ حَزِيْنٌ؟
شِهَابٌ: أُحِبُّ زَمِيْلَتِي فِي الْعَمَلِ وَأُرِيْدُ الزَّوَاجَ بِهَا، لَكِنْ **مَا بِاليَدِ حِيْلَةٌ**، مِنَ الصَّعْبِ تَوْفِيْرُ نَفَقَاتِ الزَّوَاجِ.
جَمَالٌ: يُمْكِنُكَ الْحُصُولُ عَلَى قَرْضٍ مِنْ أَحَدِ أَقَارِبِكَ أَوْ مِنْ مَكَانِ عَمَلِكَ.
شِهَابٌ: فِكْرَةٌ جَيِّدَةٌ!

Gamal: Why are you sad?
Shehab: I love my co-worker and want to marry her, but **I feel helpless** as I cannot afford it.
Gamal: You can get a loan from one of your relatives or from your workplace.
Shehab: Good idea!

يَدٌ مُلَطَّخَةٌ بِالدَّمْ

to have blood on one's hands; to be guilty

كَامِلٌ: أَرْفُضُ تَرَشُّحَ هَذَا الرَّجُلِ لِانْتِخَابَاتِ الرِّئَاسَةِ.
عَفَافُ: لِمَاذَا؟
كَامِلٌ: لِأَنَّهُ هَدَمَ البِلَادَ، وَفَرَّطَ بِأَرَاضِيهَا مِنْ قَبْلُ.
عَفَافُ: هُوَ اِعْتَذَرَ، وَطَلَبَ المُصَالَحَةَ.
كَامِلٌ: لَا نَقْبَلُ بِالمُصَالَحَةِ مَعَ قَاتِلٍ يَدُهُ مُلَطَّخَةٌ بِالدَّمِ.

Kamel: I reject this man's candidacy for the presidential elections?

Afaf: Why?

Kamel: Because he destroyed the country and gave up its lands before.

Afaf: He apologized and asked for reconciliation.

Kamel: We do not accept reconciliation with a murderer who **has blood on his hands**.

قَصِيرٌ (قَصِيرَةُ) البَاعْ

inexperienced

مَنَالُ: اِنْدَلَعَ حَرِيْقٌ فِي بَيْتِيَ أَمْسِ.
لَيْلَى: حَقًّا؟ مَاذَا حَدَثَ؟
مَنَالُ: زَوْجِي **قَصِيْرُ البَاعِ** بِالطَّبْخِ، عِنْدَمَا حَاوَلَ إِعْدَادَ العَشَاءِ، أَحْرَقَ الطَّعَامَ، وَأَتْلَفَ بَعْضَ أَوَانِيِّ الطَّهْوِ.
لَيْلَى: الحَمْدُ للهِ أَنَّكُمْ بِخَيْرٍ.

Manal: There was a fire in my house yesterday.
Laila: Really? What happened?
Manal: My husband is **inexperienced** in cooking. When he tried to make dinner, he burnt the food and damaged some pots.
Laila: Thank God you are all well.

لَهُ (هَا) بَاعٌ طَوِيْلٌ

to have a long history of or deep knowledge in something

الأُسْتَاذُ: هَلْ تَعْرِفُ وَكَالَةَ نَاسَا؟
الطَّالِبُ: نَعَمْ يَا أُسْتَاذْ.
الأُسْتَاذُ: أَيْنَ تَقَعُ وَكَالَةُ نَاسَا؟
الطَّالِبُ: يَقَعُ مَقَرُّهَا الرَّئِيسِيُّ فِي الْعَاصِمَةِ الأَمْرِيكِيَّةِ وَاشِنْطُنْ، وَلَكِنْ تُوجَدُ عِدَّةُ مَرَاكِزَ وَمُنْشَآتٍ تَابِعَةٍ لِنَاسَا فِي أَنْحَاءِ الْوِلَايَاتِ الْمُتَّحِدَةِ مِثْلَ فِيرْجِينْيَا، وَأُوهَايُو، وَمِيرِيلَانْدْ، وَتِكْسَاسْ.
الأُسْتَاذُ: مَاذَا تَعْرِفُ عَنْ وَكَالَةِ نَاسَا؟
الطَّالِبُ: أَعْرِفُ أَنَّ لَهَا بَاعًا طَوِيْلًا فِي تَحْقِيْقِ مَنَافِعَ عَامَّةٍ، اِنْطِلَاقًا مِنَ الْمَعْرِفَةِ الَّتِي اِكْتَسَبَتْهَا مِنْ سَعْيِهَا إِلَى تَحْقِيْقِ تَقَدُّمٍ فِي مَجَالَيِ الْمِلَاحَةِ الْجَوِّيَّةِ وَالْفَضَاءِ.

Professor: Do you know about the NASA agency?
Student: Yes, Professor.
Professor: Where is NASA located?
Student: Its main headquarters are located in the American capital, Washington D.C, but there are several branches and facilities affiliated with NASA throughout the United States, including in Virginia, Ohio, Maryland and Texas.
Professor: What else can you tell me about NASA?
Student: I know that it **has a long history** of providing public service through the knowledge it has gained from its pursuit of advances in the fields of aviation and space exploration.

قَيْدُ أُنملَةٍ

one iota; a tad; a little bit

الطَّبِيْبُ: كَيْفَ حَالُ المَرِيْضِ اليَوْمَ؟
المُمَرِّضَةُ: مَعَ الأَسَفِ المَرِيْضُ حَالَتُهُ لَمْ تَتَحَسَّنْ **قَيْدَ أُنْمُلَةٍ** مُنْذُ أَمْسِ.
الطَّبِيْبُ: هّلْ حَصَلَ عَلَى كُلِّ الأَدْوَيةِ؟
المُمَرَّضَةُ: نَعَمْ، وَلَكِنْ لَمْ يَكُنْ هُنَاكَ أَيُّ تَحَسُّنٍ.
الطَّبِيبُ: هَذَا مُتَوَقَّعٌ، فَالْحَالَةُ حَرِجَةٌ جِدًّا. سَأَذْهَبُ وَأَفْحَصُهُ عَلَى الْفَوْرِ.

Doctor: How is the patient today?

Nurse: Unfortunately, the patient's condition has not improved **one iota** since yesterday.

Doctor: Did he receive all the medications?

Nurse: Yes, but there has been no improvement.

Doctor: I am not surprised; his condition is very critical. I'll go and examine him right away.

بِدَمٍ بَارِدْ
in cold blood

المُرَاسِلُ: كَيْفَ تَرَى جَرِيْمَةَ القَتْلِ هَذِهِ؟
الضَّابِطُ: لَمْ تَكُنْ هَذِهِ جَرِيْمَةً عَادِيَّةً.
المُرَاسِلُ: لِمَاذَا؟
الضَّابِطُ: لَقَدْ تَمَّ قَتْلُ أَفْرَادِ عَائِلَتَيْنِ بِدَمٍ بَارِدٍ وَهُمْ نَائِمُونَ!

Reporter: What do you think about this murder case?
Officer: This was no ordinary crime.
Reporter: Why?
Officer: Members of two families were murdered **in cold blood** in their sleep!

ثَقِيْلُ (ثَقِيْلَةُ) الدَّمْ

lacking a sense of humor; humorless

حَسَنٌ: يَا إِلَهِي، جَارُنَا مُنِيْرٌ ثَقِيْلُ الدَّمِ.
حُسَامٌ: أَتَفِقُ مَعَكْ.
حَسَنٌ: لَا أُحِبُّهُ أَبَدًا.
حُسَامٌ: وَأَنَا كَذَلِكَ، بِجَانِبِ أَنَّهُ رَجُلٌ سَخِيْفٌ جِدًّا إِلَّا أَنَّهُ يَفْتَقِرُ حَقًّا إِلَى رُوْحِ الدُّعَابَةِ.

Hassan: Oh my God, our neighbor Munir is annoying!
Hossam: I agree with you.
Hassan: I do not like him at all!
Hossam: Me too. In addition to being a very annoying man, he certainly **lacks a sense of humor**!

خَفِيْفُ (خَفِيْفَةُ) الدَّمْ

to be funny or amusing; to have a sense of humor

أَحْمَدُ: مَا رَأْيُكُمْ بِالْعَمِّ صَالِحٍ؟
بَاهِرٌ: هُوَ خَفِيْفُ الدَّمِ، وَيُضْحِكُنَا جَمِيْعًا عِنْدَمَا يَتَوَاجَدُ.
أَحْمَدُ: يَجِبُ أَنْ نَدْعُوَهُ مَرَّةً أُخْرَى.
بَاهِرٌ: بِالتَّأْكِيْدِ.

Ahmed: What do you think of uncle Saleh?
Baher: He is **funny** and makes us all laugh when he is around.
Ahmed: We should invite him again.
Baher: Certainly.

بِدَمٍ/ بِدِمَاءٍ جَدِيْدٍ (ةٍ)

new blood; new face(s)

الصَّحَفِيُّ: هَلْ لَدَيْكَ أَيُّ اقْتِرَاحَاتٍ لِلانْتِخَابَاتِ الْبَرْلَمَانِيَّةِ الْمُقْبِلَةِ فِي مِصْرَ؟
نَاشِطٌ سِيَاسِيٌّ: الْأَحْزَابُ السِّيَاسِيَّةُ يُمْكِنُ أَنْ تَدْفَعَ **بِدِمَاءٍ جَدِيدَةٍ** بِرُؤْيَةٍ مُخْتَلِفَةٍ.
الصَّحَفِيُّ: هَلْ تَعْتَقِدُ أَنَّ هَذَا سَيُحْدِثُ تَغْيِيرًا؟
نَاشِطٌ سِيَاسِيٌّ: سَتَكُونُ بِدَايَةً جَيِّدَةً.

Journalist: Do you have any suggestions for the upcoming parliamentary elections in Egypt?
Political activist: Political parties could introduce **new blood** with a different vision.
Journalist: Do you think this would bring about change?
Political activist: It would be a good start.

(ت) يَجْرِي فِي الدَّمْ

in my blood; ingrained

خَالِدٌ: هَلْ تُحِبُّ الْمُوسِيْقَى؟
عِصَامٌ: نَعَمْ، فالْمُوْسِيْقَى **تَجْرِي فِي دَمِي**.
خَالِدٌ: هَلْ يُحِبُّ شَخْصٌ آخَرُ فِي عَائِلَتِكَ الْمُوسِيقَى؟
عِصَامٌ: جَمِيْعُ أَفْرَادِ عَائِلَتِي يُحبُّونَ الْمُوْسِيْقَى وَيُمْكِنُهُمُ الغِنَاءَ، أَوِ التَّأْلِيْفَ، أَوِ العَزْفَ عَلَى الآَلاتِ الْمُوْسِيْقِيَّةِ.

Khaled: Do you like music?
Essam: Yes, music is **in my blood**.
Khaled: Does anyone else in your family like music?
Essam: All members of my family love music and can sing, compose, or play musical instruments.

شَدَّ (تْ) عَضُدَهُ (هَا)

to strengthen; to support someone

كَمَالٌ: كَيْفَ يَنْظُرُ المُحَلِّلُونَ السِّيَاسِيُّونَ إِلَى مُسَاعَدَةِ وَاشِنْطُنْ الحَالِيَّةِ لِلْعِرَاقِ؟

رَجَبٌ: يَعْتَقِدُ المُحَلِّلُونَ السِّيَاسِيُّونَ أَنَّ كُلَّ خُطُوَاتِ وَاشِنْطُنْ فِي العِرَاقِ تَشُدُّ عَضُدَ إِيْرَانَ.

كَمَالٌ: وَهَلْ سَتَتوقفُ مُسَاعَدَةُ وَاشِنْطُنْ لِلْعِرَاقِ؟

رَجَبٌ: لَا أَتَوَقَّعُ ذَلِكَ. أَظُنُّ الْمُسَاعَدَةَ سَوْفَ تَسْتَمِرُّ مَعَ فَرْضِ بَعْضِ الْقُيُودِ عَلَيْهَا.

Kamal: How do political analysts view Washington's current assistance to Iraq?

Ragab: Political analysisists think that all of Washington's policies in Iraq **strengthen** Iran's influence.

Kamal: Will Washington's aid to Iraq stop?

Ragab: I do not expect it to. I think aid will continue with some restrictions.

فَتَّ في عَضُدْ

to weaken someone; to discourage

وَليدٌ: فِي رَأْيِكَ، مَا هِيَ أَكْبَرُ مُشْكِلَاتِ الدُّوَلِ النَّامِيَةِ؟
مَاجِدٌ: البَطَالَةُ والمُنَاخُ.
وَلِيْدٌ: وَمَاذَا أَيْضًا؟
مَاجِدٌ: **يَفُتُّ فِي عَضُدِ** الشَّعْبِ أَيْضًا غَفْلَةٌ مِنْ تَوَلّي وفَسَادِ المَسْؤُوْلِيْنَ.

Walid: In your opinion, what are the biggest problems facing developing countries?

Maged: Unemployment and climate change.

Walid: What else?

Maged: The people are also **discouraged** by the neglect and the corruption of those in power.

يُصِيْبُ (تُصِيْبُ) كَبِدَ الحَقِيْقَةِ

to hit the nail on the head

المُرَاسِلُ: مَا هِيَ رُؤْيَةُ الحُكُوْمَةِ فِيْمَا يَتَعَلَّقُ بِالشُّؤُوْنِ الوَطَنِيَّةِ لِلْبِلَادِ؟
رَئِيْسُ الوُزَرَاءِ: لِلحُكُوْمَةِ رُؤْيَةٌ سيتمُّ الإعلانُ عَنْهَا قَرِيْبًا.
المُرَاسِلُ: وَمَا رَأْيُ الرَّئِيْسِ فِي رُؤْيَةِ الحُكُوْمَةِ؟
رَئِيسُ الْوُزَرَاءِ: الرَّئِيسُ يَتَّفِقُ مَعَ خُطَطِ الْحُكُومَةِ وَيَعْتَقِدُ أَنَّهَا **أَصَابَتْ كَبِدَ الْحَقِيقَةِ** عِنْدَمَا يَتَعَلَّقُ الْأَمْرُ بِاسْتِهْلَاكِ الطَّاقَةِ.

Reporter: What are the government's plans regarding the country's national affairs?

Prime Minister: The government has a vision that will be announced soon.

Reporter: What does the president think about the government's vision?

Prime Minister: The president agrees with the government's plans and thinks they **hit the nail on the head** when it comes to energy consumption.

أطْلَق (تْ) سَاقَيْهِ (سَاقَيْهَا) لِلرِّيْح

to run away; to run like the wind

فَرِيْدَةُ: أَيْنَ وَائِلٌ؟
بَاسِمٌ: غَادَرَ الحَفْلَ مُنْذُ قَلِيْلٍ.
فَرِيْدَةُ: لِمَاذَا؟
بَاسِمٌ: بِمُجَرَّدِ تَلَقِّيْهِ مُكَالَمَةً هَاتِفِيَّةً، قَالَ إِنَّهُ يَجِبُ أَنْ يُغَادِرَ، وَأَطْلَقَ **سَاقَيْهِ لِلرِيْحِ**، وَلَا نَعْلَمُ مَاذَا حَدَثَ.
فَرِيْدَةُ: لَعَلَّهُ خَيْرٌ.
بَاسِمٌ: آمِيْنَ.

Farida: Where is Wael?
Bassem: He left the party a while ago.
Farida: Why?
Bassem: As soon as he received a phone call, he said he should leave and **ran like the wind**. We do not know what happened.
Farida: I hope everything is fine.
Bassem: Amen.

عَلَى قَدَمِ الـمُسَاوَاةِ

to be on an equal footing with someone or something

حِجَازِي: هَلْ هُنَاكَ مُشْكِلَةٌ لِلجَزَائِرِ مَعَ الفِيْسْبُوْك؟
نَادِرٌ: فِعْلًا، هُنَاكَ مُشْكِلَةٌ كَبِيرةٌ لِلجَزَائِرِ مَعَ الفِيْسْبُوْك.
حِجَازِي: مَا هِيَ مُشْكِلَةُ الْجَزَائِرِ مَعَ الْفِيسْبُوكِ؟
نَادِرٌ: الْجَزَائِرُ تُهَدِّدُ بِاتِّخَاذِ إِجْرَاءَاتٍ قَانُونِيَّةٍ ضِدَّ فِيسْبُوكْ إِذَا لَمْ يَتِمَّ التَّعَامُلُ مَعَ الدَّوْلَةِ الْجَزَائِرِيَّةِ عَلَى قَدَمِ الْمُسَاوَاةِ مَعَ الدُّوَلِ الْأُخْرَى.

Hijazi: Does Algeria have a problem with Facebook?
Nader: Indeed, they have a big problem with Facebook.
Hijazi: What is the problem?
Nader: The Algerian government feels that it is being discriminated against by Facebook and has threatened to take legal action against Facebook if it is not treated **on an equal footing with** other countries.

عَلَى قَدَمٍ وَسَاقْ

to be in full swing

المُدِيْرُ: كَيْفَ المَشْرُوْعُ الجَدِيْدُ؟
المُهَنْدِسُ: العَمَلُ جَارٍ **عَلَى قَدَمٍ وَسَاقٍ** لِإنْهَائِهِ قَبْلَ المَوْعِدِ المُحَدَّدِ.
المُدِيْرُ: بالتوفيق إِنْ شَاءَ اللهُ.
المُهَنْدِسُ: شُكْرًا جَزِيْلًا لَكَ.

Director: How is the new project?
Engineer: Work is **in full swing** to finish ahead of schedule.
Director: Good luck, God willing.
Engineer: Thank you so much.

Exercises

1. Choose the correct answer from within the brackets below:

أ. وَالِدِي مِنْ أَهَمِّ أَسْبَابِ نَجَاحِي، فَهُوَ دَائِمًا (**يَجْرِي فِي الدَّمِ - خَاوِي الْيَدَيْنِ - يَشُدُّ عَضُدِي**) وَيُشَجِّعُنِي عَلَى مُوَاصَلَةِ الْعَمَلِ وَالنَّجَاحِ.

ب. يَجْرِي الْعَمَلُ فِي الْمَشْرُوْعِ الْجَدَيْدِ (**فِي دَمِي - عَلَى قَدَمٍ وَسَاقٍ - عَلَى قَدَمِ الْمُسَاوَاةِ**) وَسَيَتِمُّ الْانْتِهَاءُ مِنْهُ قَبْلَ الْمَوْعِدِ الْمُحَدَّدِ بِوَقْتٍ طَوِيْلٍ.

ج. الرَّئِيْسُ (**أَرَاقَ مَاءَ وَجْهِهِ - أَطْلَقَ يَدَ - تَنَفَّسَ الصُّعَدَاءِ**) الْحُكُوْمَةِ فِي التَّعَامُلِ مَعَ مُشْكِلَاتِ التَّعْلِيْمِ وَالصِّحَةِ بِالْبِلَادِ.

د. الْمُجْتَمَعُ الدُّوَلِيُّ (**خَاوِيَ الْيَدَيْنِ - أُسْقِطَ فِي يَدِهِ - شَمَّرَ عَنْ سَاعِدَيْهِ**) لِمُحَارَبَةِ فَيْرُوْسِ كُوْرُوْنَا، وَمُسَاعَدَةِ الْمَرْضَى فِي كُلِّ مَكَانٍ.

هـ. حُضُوْرُ أَكْثَرِ مِنْ ١٢ مِلْيُوْنَ زَائِرٍ لِفَعَالِيَّاتِ "الْأَيَّامُ الْأُوْرُوْبِيَّةُ لِلتُّرَاثِ" بِفَرَنْسَا (**أَثْلَجَ صَدْرَ - رَقَّ قَلْبَ - اِسْتَعْرَضَ عَضَلَاتِ**) وَزِيْرِ الثَّقَافَةِ الْفَرَنْسِيِّ الَّذِي أَصْدَرَ بَيَانًا يَشْكُرُ فِيْهِ كُلَّ مَنْ سَاهَمَ فِي تَنْظِيْمِ هَذَا الْحَدَثِ غيرِ الْمَسْبُوْقِ.

و. لَا نُنْكِرُ دَوْرَ الرَّئِيْسِ السَّابِقِ فِي تَنْمِيَةِ الْبِلَادِ، فَقَدْ كَانَتْ لَهُ (**أَيَادٍ بَيْضَاءُ - وَجْهٌ مَقْلُوْبٌ - صَدْرٌ رَحْبٌ**) فِي كُلِّ مُؤَسَّسَاتِ الدَّوْلَةِ.

ز. الشَّرِكَةُ بِحَاجَةٍ إِلَى (**قَصِيْرِ الْيَدِ - أَيَادٍ بَيْضَاءَ - دَمٍ جَدِيْدٍ**) لِتَنْمِيَتِهَا وَزِيَادَةِ أَرْبَاحِهَا.

ح. فِي رَأْيِي أَنَّ يَحْيَىَ حَقِّي كَاتِبٌ لَهُ **(يَذْهَبُ أَدْرَاجَ الرِّيَاحِ - يَشْتَدُّ عُودُهُ - بَاعٌ طَوِيلٌ)** فِي الكِتَابَةِ.

2. Translate the following sentences:

أ. أَصَابَ الرَّجُلُ كَبِدَ الحَقِيْقَةِ، عِنْدَمَا تَكَلَّمَ عَنِ المُشْكِلَاتِ الَّتِي يُعَانِي مِنْهَا أَوْلَادُهُ الصِّغَارُ بِالْمَدْرَسَةِ، وَلَا يَسْتَطِيْعُوْنَ البَوْحَ بِهَا لِأَسَاتِذَتِهِم خَوْفًا مِنْهُمْ.

ب. يَجِبُ تَغْيِيْرُ سِيَاسَةِ المُسَاعَدَاتِ الخَارِجِيَّةِ رَأْسًا عَلَى عَقِبٍ.

ج. يَجُوزَ لِلمَرْأَةِ وَالرَّجَلِ نَقْلُ جِنْسِيَّةِ كُلٍّ مِنْهُمَا إِلَى أَبْنَائِهِما عَلَى قَدَمِ المُسَاوَاةِ.

د. شَعَرَ الْأَبُ بِالْحُزْنِ لِأَنَّهُ قَصِيرُ الْيَدِ وَغَيْرُ قَادِرٍ عَلَى مَنْحِ أَبْنَائِهِ مَا يَحْتَاجُونَ إِليهِ مِنْ أَمْوَالٍ.

هـ. رَقَّ قَلْبِي بِشِدَّةٍ عَلَى الْكَلْبِ الْمَفْقُودِ.

و. وَالِدِي لَهُ بَاعٌ طَوِيْلٌ فِي تَدْرِيْسِ اللُّغَةِ العَرَبِيَّةِ.

ز. صَدِيقِي قَصِيرُ الْبَاعِ بِالْمُوسِيقَى وَلَا يَعْرِفُ شَيْئًا عَنْ أَنْوَاعِهَا وَعَازِفِيهَا.

----

3. Match each expression from column (أ) with its meaning in column (ب):

(ب)	(أ)
a. to run like the wind	أ. عَلَى قَدَمٍ وَسَاقٍ
b. to be guilty	ب. أَطْلَقَ يَدَ
c. to be funny	ج. عَلَى طَرَفِ لِسَانِي
d. to be in full swing	د. خَفِيْفُ الدَّمِ
e. inexperienced	هـ. شَوْكَةٌ فِي الحَلْقِ
f. on the tip of my tongue	و. أَطْلَقَ سَاقَيْهِ لِلرِّيْحِ
g. the apple of one's eye	ز. عَلَى قَدَمِ المُسَاوَاةِ
h. give someone a free hand	ح. عَنْ ظَهْرِ قَلْبٍ
i. to be a pain in the neck	ط. يَدٌ مُلَطَّخَةٌ بالدَّمِ
j. to learn by heart	ي. قُرَّةُ عَيْنٍ
k. to have a long history of or deep knowledge in something	ك. قَصِيْرُ البَاعِ
l. to be on an equal footing with	ل. لَهُ بَاعٌ طَوِيْل

4. Fill in each of the blanks with the appropriate word from the list:

وَجْهَانِ - طَارَ - بَشُوْشُ - بَيْتٌ - بَاعٌ - العَكِرِ - الرِّمَالِ - عَقِبٍ

أ. .... عَقْلُ الرَّجُلِ عِنْدَمَا خَسِرَ كُلَّ أَمْوَالِهِ فِي صَفَقَةٍ غَيْرِ رَابِحَةٍ.

ب. تَبَدَّلَ حَالُ وَالِدِي رَأْسًا عَلَى .... بَعْدَ وَفَاةِ جَدَّتِي، وَصَارَ حَزِيْنًا عَلَيْهَا، وَلَا يَتَكَلَّمُ مَعَ أَحَدٍ.

ج. صَدِيْقِي خَالِدٌ .... الوَجْهِ، دَائِمًا يُقَابِلُنِي بِابْتِسَامَةٍ وَتَرحِيْبٍ.

د. القَانُوْنُ وَالسِّيَاسَةُ .... لِعُمْلَةٍ وَاحِدَةٍ.

هـ. الضَّعِيْفُ مَنْ يَدْفِنُ رَأْسَهُ فِي .... وَيَرْفُضُ أَنْ يُوَاجِهَ مُشْكِلاتَهُ، أَوْ النَّظَرَ إِلَى الأُمُوْرِ بِصُوْرَةٍ وَاقِعِيَّةٍ.

و. لَدَى مُنَظَمَةِ اليُونَسْكُو .... طَوِيلٌ فِي إِرْسَاءِ السَّلَامِ مِنْ خِلَالِ التَّعَاوُنِ الدُّوَلِيِّ فِي مَجَالِ التَّرْبِيَةِ وَالعُلُومِ وَالثَّقَافَةِ.

5. Decide whether the following statements are true or false:

أ. "يَأْخُذُ العَقْل" تَعْنِي "breathtaking"

ب. "رَأْسًا عَلَى عَقِبٍ" تَعْنِي "ignore something"

ج. "وَجْهُهُ مَقْلُوْبٌ" تَعْنِي "to have a pleasant face"

د. "دُوْنَ وَجْهِ حَقٍّ" تَعْنِي "to roam around"

هـ. ”قُرَةُ عَيْنٍ“ تَعْنِي ”an eye for an eye“

و. ”قَصِيْرُ البَاعِ بِـ“ تَعْنِي ”to have a long history of something“

ز. ”رَغِمَ أَنْفِـ“ تَعْنِي ”to be in full swing“

ح. ”طَوِيْلَةُ اللِّسَانِ“ تَعْنِي ”a slip of the tongue“

ط. ”شَوْكَةٌ فِي الحَلْقِ“ تَعْنِي ”a pain in the neck“

ي. ”بِصَدرٍ رَحْب“ تَعْنِي ”to roam around“

ك. ”انْفَطَرَ قَلْبُ“ تَعْنِي ”to feel pity for someone“

ل. ”لَهُ (هَا) بَاعٌ طَوِيْل“ تَعْنِي ”inexperienced“

2

Animals and Wildlife

ابْنُ (بِنْتُ) البَطَّةِ السَّوْدَاءْ

black sheep; to be an unaccepted group member; outcast

رَجَبٌ: مَا تَأْثِيْرُ التَّمْيِيْزِ العُنْصُرِيِّ فِي المُجْتَمَعِ؟
غَدِيرُ: يَشْعُرُ الْعَدِيدُ مِنْ الْأَشْخَاصِ فِي الْمُجْتَمَعِ بِأَنَّهُمْ أَبْنَاءُ الْبَطَّةِ السَّوْدَاءِ بِسَبَبِ تَعَرُّضِهِمْ لِلتَّمْيِيزِ بِطَرِيقَةٍ أَوْ بِأُخْرَى.
رَجَبٌ: فِي رَأْيِكِ، مَا هُوَ الْحَلُّ لِهَذِهِ الْمُشْكِلَةِ؟
غَدِيرُ: الْمُسَاوَاةُ بَيْنَ الْجَمِيعِ وَسِيَادَةُ الْقَانُونِ.

Ragab: What is the effect of racial discrimination on society?
Ghadir: Many people in the community feel that **they are outcasts** because they are being discriminated against one way or another.
Ragab: In your opinion, what is the solution to this problem?
Ghadir: Equality among all and the rule of law.

يَخْفِضُ (تَخْفِضُ) جَنَاحَهُ (هَا)

humble; kind; down to earth

الطَّالِبُ: مَنْ هُوَ الشَّخْصُ النَّاجِحُ؟
الأُسْتَاذُ: الشَّخْصُ النَّاجِحُ هُوَ الَّذِي **يَخْفِضُ جَنَاحَهُ** لِلنَّاسِ.
الطَّالِبُ: كَيْفَ يُمْكِنُنَا قِيَاسُ النَّجَاحِ؟
الأُسْتَاذُ: النَّجَاحُ مَفْهُومٌ شَخْصِيٌّ وَيُمْكِنُ قِيَاسُهُ بِطُرُقٍ مُخْتَلِفَةٍ، بِمَا فِي ذَلِكَ الْإِنْجَازَاتِ الْمِهْنِيَّةِ، وَالْوَفَاءِ الشَّخْصِيِّ، وَالسَّعَادَةِ، وَالتَّأْثِيرِ فِي الْآخَرِينَ، وَأَكْثَرُ مِنْ ذَلِكَ.

Student: Who can be considered a successful person?
Teacher: A successful person tends to be **down to earth**.
Student: How can we measure success?
Teacher: Success is a personal concept and can be measured in different ways. It can refer to professional accomplishments, personal fulfillment, happiness, influencing others, and more.

نَصِيْبُ/ حِصَّةُ الأَسَدْ

to get the largest share of something; the lion's share

أَدْهَمُ: أَيُّ شَرِكَةٍ حَقَّقَتْ أَكْبَرَ مَبِيْعَاتٍ؟
مُنِيْرٌ: اِسْتَحْوَذَتِ الشَّرِكَةُ الكُورِيَّةُ عَلَى **نَصِيْبِ الأَسَدِ** مِنَ المَبِيْعَاتِ.
أَدْهَمُ: وَمَا هِيَ الشَّرِكَةُ الَّتِي جَاءَتْ فِي المَرْكَزِ الثَّانِي؟
مُنِيْرٌ: الشَّرِكَةُ الصِينَيَّةُ.

Adham: Which company achieved the most sales?
Mounir: The Korean company captured **the lion's share** of sales.
Adham: What is the company that came in second place?
Mounir: The Chinese company.

العُصْفُورَةُ أَخْبَرَتْنِي
a little bird told me

سُهَا: مُبَارَكٌ الزِّفَافُ.
رَضْوَى: بَارَكَ اللهُ فِيْكِ، كَيْفَ عَرَفْتِ الخَبَرَ؟
سُهَا: **العُصْفُورَةُ أَخْبَرَتْنِي!**
رَضْوَى: الْأَخْبَارُ الْجَيِّدَةُ تَنْتَقِلُ بِسُرْعَةٍ!

Soha: Congratulations on the wedding.
Radwa: God bless you, who told you the news?
Soha: **A little bird told me**.
Radwa: Good news travels fast!

ضَرَبَ (تْ) عُصْفُورَيْنِ بِحَجَرٍ وَاحِدْ

kill two birds with one stone

الزَّوْجَةُ: لِمَاذَا تَذْهَبُ إِلَى العَمَلِ بِالدَّرَّاجَةِ؟
الزَّوْجُ: رُكُوبُ الدَّرَّاجَةِ إِلى الْعَمَلِ يَضْرِبُ عُصْفُورَيْنِ بِحَجَرٍ وَاحِدٍ.
الزَّوْجَةُ: مَا هُمَا؟
الزَّوْجُ: يُوَفِّرُ نُقُودَ التَّنَقُّلَاتِ، وَيُسَاعِدُ عَلَى إِنْقَاصِ الوَزْنِ.

Wife: Why do you cycle to work?
Husband: Cycling to work **kills two birds with one stone.**
Wife: How is that?
Husband: It saves transportation money and helps me lose weight.

(تَ) يَذْرُفُ دُمُوعَ التَّمَاسِيحْ

to shed crocodile tears; insincere sorrow

هِنْدُ: كَيْفَ حَالُ زَوجَةِ ابْنِكِ جَلِيْلَةَ؟ أَتَمَنَّى أَنْ تَكُوْنَ بِخَيْرٍ.
جَلِيْلَةُ: هِيَ بِخَيْرٍ.
هِنْدُ: هَلْ تُسَاعِدُكِ فِي الأَعْمَالِ المَنْزِلِيَّةِ؟
جَلِيْلَةُ: لَا، هِيَ لَا تُسَاعِدُنِي فِي شَيْءٍ.
هِنْدُ: كَيْفَ ذَلِكْ؟
جَلِيْلَةُ: عِنْدَمَا يَطْلُبُ مِنْهَا زَوْجُهَا ذَلِكَ تَبْكِي وَتَذْرُفُ دُمُوعَ التَّمَاسِيحِ، وَتَتَظَاهَرُ بِالْتَّعَبِ، وَالْمُشْكِلَةُ أَنَّهُ يُصَدِّقُهَا!

Hind: How is your daughter-in-law? I hope she is fine.
Jalila: She is fine.
Hind: Does she help you with household chores?
Jalila: No, she doesn't help me with anything!
Hind: How is that?
Jalila: When her husband asks her to do anything, she **sheds crocodile tears** and pretends to be tired, and the problem is that he believes her!

تَرَجَّلَ (تْ) عَنْ صَهْوَةِ جَوَادِهِ (هَا)

to quit while ahead; to honorably depart/retire or die

دِيْنَا: مَتَى تَرَكَ الرَّئِيْسُ الْعَمَلَ السِّيَاسِيَّ؟
آدَمُ: تَرَجَّلَ الرَئِيسُ **عَنْ صَهْوَةِ جَوَادِهِ** سِيَاسِيًّا بَعْدَ معركةٍ باسلةٍ.
دِيْنَا: وَمَتَى حَدَثَ ذَلِكَ؟
آدَمُ: فِي السَّنَةِ المَاضِيَةِ.

Dina: When did the president quit politics?
Adam: The president **quit while** politically **ahead** after a brave fight.
Dina: When did this happen?
Adam: Last year.

هَذَا مَرْبِطُ الْفَرَسْ

the crux of the issue; that is the key point; the trick

الابْنُ: كَيْفَ تَرَى الشَّخْصَ النَّاجِحَ يَا أَبِي؟
الأَبُ: النَّاجِحُ قَدْ يَسْقُطُ لِبُرْهَةٍ، لَكِنْ يَجِبُ أَلَّا يَفْقِدَ الأَمَلَ.
الابْنُ: وَمَاذَا عَلَيهِ أَنْ يَفْعَلَ أَيْضًا؟
الأَبُ: عَلَيْهِ أَنْ يُوَاصِلَ الْعَمَلَ؛ وَهَذَا مَرْبِطُ الْفَرَسِ.

Son: What do you think makes a person successful, dad?
Father: A successful person may fall for a while, but he must not lose hope.
Son: What should he do as well?
Father: He must keep working, that is **the trick**.

Exercises

1. Choose the correct answer from brackets below:

أ. الـمُدِيْرُ الجَدِيْدُ تَشَاجَرَ مَعَ مُوَظَّفِي الشَّـرِكَةِ وَأَسَاءَ إِلَيْهِمْ، وَعِنْدَمَا اِشْتَكَوْا مِنْهُ جَاءَ إِلَيْهِمْ وَهُوَ **(يَتَرَجَّلُ عَنْ صَهْوَةِ جَوَادِهِ - يَذْرُفُ دُمُوْعَ التَّمَاسِيْحِ - تَخُوْنُهُ الكَلِمَاتُ)** وَاعْتَذَرَ لَهُمْ.

ب. كَانَ أَبِي يَعْرِفُ كُلَّ مَا نَفْعَلُهُ فِي البَيْتِ فِي غِيَابِهِ، وَعَنْدَمَا نَسْأَلُهُ مَنْ أَخْبَرَهُ بِذَلِكَ، فَكَانَ يَقُولُ: **(نَصِيْبُ الأَسَدِ - البَطَّةُ السَّوْدَاءُ - العُصْفُوْرَةُ أَخْبَرَتْنِي)**.

ج. الشَّخْصُ الَذِي يَضْطَهِدُهُ الآخَرُونَ يُشَارُ إِلَيْهِ بِمُصْطَلَحِ: **(قُرَّةُ عَيْنٍ - شَوْكَةٌ فِي الحَلْقِ - ابْنُ البَطَّةِ السَّوْدَاء)**

د. عَنْدَمَا سَافَرْتُ بِمُفْرَدِي وَتَرَكْتُ أُسْرَتِي؛ خَسِرْتُ وَظِيفَتِي وَزَوْجَتِي وَأَوْلَادِي، وَهَذَا **(ذَرَفَ دُمُوْعَ التَّمَاسِيْحِ - هُوَ مَرْبِطُ الفَرَسِ - تَرَجَّلَ عَنْ صَهْوَةِ جَوَادِهِ)**.

هـ. أُرِيدُ أن أعْمَلَ فِي مَدِينَةِ الرِّيَاضِ حَتَّى يُمْكِنَنِي كَسْبُ المَالِ وتَحْسِينُ لُغَتِي العَرَبِيَّةِ، وبِهَذِهِ الطَرِيقَةِ **(أَضْرِبُ عُصْفُوْرَيْنِ بِحَجَرٍ وَاحِدٍ - أَخْفِضُ جَنَاحَيَّ - أَتَرَجَّلُ عَنْ صَهْوَةِ جَوَادِي)**.

2. Translate the following sentences:

أ. تَرَجَّلَ الْأَمِيْرُ خَلِيفَةُ بَنُ سَلْمَانَ عَنْ صَهْوَةِ جَوَادِهِ بَعْدَ مَسِيرَةٍ حَافِلَةٍ بَالْإِنْجَازَاتِ عَلَى كَافَةِ الْأَصْعَدَةِ.

ب. أَذْكُرُ وَنَحْنُ صِغَارٌ أَنَّ أُسْتَاذَنَا كَانَ يَكْتَشِفُ كَذِبَنَا بِذَكَاءٍ عِنْدَمَا كَانَ يَقُولُ: "الْعُصْفُورَةُ أَخْبَرَتْنِي بِكُلِّ شَيْءٍ".

ج. الأُمُّ تَطْلُبُ مِنْ اِبْنِهَا أَنْ يَخْفِضَ جَنَاحَهُ لِإِخْوَانِهِ وَأَنْ يُحِبَّهُمْ.

د. كُلُّ أَفْرَادِ العَائِلَةِ لَا تَثِقُ بِهِ، لِأَنَّهُ دَائِمًا يَكْذِبُ، وَيَذْرُفُ دُمُوعَ التَّمَاسِيْحِ لِيَخْدَعَهُمْ.

هـ. تَشْكِيلُ لَجْنَةٍ وَزَارِيَّةٍ لِلْنَّظَرِ فِي الْأُمُوْرِ المَالِيَّةِ سَيَكُونُ لَهُ رَدُّ فِعْلٍ إِيجَابِيٍّ لَدَى المُوَاطِنِينَ، وَدَلِيلٌ عَلَىَ قُوَّةِ الاقْتِصَادِ، وَهَذَا هُوَ مَرْبِطُ الفَرَسِ.

----

3. Match each expression from column (أ) with its meaning in column (ب):

(ب)	(أ)
a. to step out of a position	أ. يَذْرُفُ دُمُوْعَ التَّمَاسِيْحِ
b. that is the trick	ب. ضَرَبَ عُصْفُوْرَيْنِ بِحَجَرٍ وَاحِدٍ
c. to hit two birds with one stone	ج. العُصْفُوْرَةُ أَخْبَرَتْنِي
d. to display fake tears	د. هَذَا مَرْبِطُ الفَرَسِ
e. a little bird told me	هـ. تَرَجَّلَ عَنْ صَهْوَةِ جَوَادِهِ

4. Fill in each of the blanks with the appropriate word from the list:

البَطَّةُ السَّوْدَاءُ - العُصْفُوْرَةُ أَخْبَرَتْنِي - نَصِيبُ الأَسَدِ - يَخْفِضُ جَنَاحَهُ - يَذْرُفُ دُمُوْعَ التَّمَاسِيْحِ - تَرَجَّلَ عَنْ صَهْوَةِ جَوَادِهِ

أ. كَيْفَ عَرَفْتَ أَنَّنِي لَمْ أَحْضُرِ اجْتِمَاعَ اليَوْمِ؟ ....

ب. النَّاسُ يُحِبُّونَ الشَّخْصَ طَيِّبَ القَلْبِ وَالَّذِي .... لَهُم.

ج. لَا أَحَدَ يُصَدِّقُهُ، لِأَنَّهُ دَائِمًا ....

د. الجَمِيعُ يُحِبُّونَ خَالِدًا الذِي دَائِمًا يَحْصُلُ عَلَى .... فِي كُلِّ شَيْءٍ.

هـ. الرَّئِيسُ الرَّاحِلُ جَمَالُ عَبْدِ النَّاصِرِ .... بَعْدَ هَزِيمَةِ حَرْبِ ١٩٦٧.

5. Decide whether the following statements are true or false:

أ. "يَخْفِضُ جَنَاحَهُ" تَعْنِي "to be kind"

ب. "يَضْرِبُ عُصْفُوْرَيْنِ بِحَجَرٍ وَاحِدٍ" تَعْنِي "to get the biggest share"

ج. "هَذَا مَرْبِطُ الفَرَسِ" تَعْنِي "latest trend"

د. "يَذْرُفُ دُمُوْعَ التَّمَاسِيْحِ" تَعْنِي "to have a say on something"

هـ. "العُصْفُوْرَةُ أَخْبَرَتْنِي" تَعْنِي "a bird told me"

و. "اِبْنُ البَطَّةِ السَّوْدَاء" تَعْنِي "to be humble"

ز. "نَصِيْبُ الأَسَدِ" تَعْنِي "black sheep"

ح. "يَخْفِضَ جَنَاحَهُ" تَعْنِي "to honorably retire"

ط. "تَرَجَّلَ عَنْ صَهْوَةِ جَوَادِهِ" تَعْنِي "the crux of the issue"

3
Time

آخِرُ صَيْحَةٍ

very up-to-date; latest trend

شَرِيْفٌ: اِشْتَرَيْتُ سَيَّارَةً جَدِيْدَةً.
مَهْدِيٌّ: مُبَارَكٌ!
شَرِيْفٌ: شُكْرًا جَزِيْلًا لَكَ.
مَهْدِيٌّ: مَا نَوْعُهَا؟
شَرِيْفٌ: سَيَّارَتِي الجَدِيْدَةُ هِيَ "فِيْرَارِي" وَهِيَّ **آخِرُ صَيْحَةٍ** فِي عَالَمِ صِنَاعَةِ السَّيَّارَاتِ.

Sharif: I bought a new car.
Mahdi: Congratulations!
Sharif: Thank you very much.
Mahdi: What kind of car is it?
Sharif: My new car is a Ferrari, the **latest trend** in the auto industry.

أَوَّلْ بِأَوَّلْ

to stay on top of something; promptly

لَيْلَى: هَلْ سَمِعْتِ عَنْ تَعْدِيْلَاتِ الْمَنَاهِجِ؟
حَنَانُ: لَا، وَلَكِنْ لَا تَقْلَقِي سَوْفَ أُتَابِعُ هَذَا الْمَوْضُوْعَ أَوَّلًا بِأَوَّلٍ.
لَيْلَى: أَرْجُو أَنْ تُخْبِرَنِي بِتَعْدِيلَاتِ الْمَنَاهِجِ عِنْدَمَا تَعْرِفِيْنَهَا.
حَنَانُ: بِكُلِّ سُرُورٍ.

Laila: Have you heard about the new curriculum modifications?
Hanan: No, but do not worry. I will **stay on top of** it.
Laila: Please inform me of the curriculum changes when you learn about them.
Hanan: With pleasure.

آنَ الأَوَانْ

the time has come; it is time

مُخْتَارٌ: كَيْفَ المَوْقِفُ السِّيَاسِيُّ فِي سُوْرِيَا؟

تَوْفِيْقٌ: مُعَقَّدٌ جِدًّا.

مُخْتَارٌ: وَكَيْفَ يَرَى الأَمِيْنُ العَامُّ لِلْأُمَمِ الْمُتَّحِدَةِ هَذَا المَوْقِفَ السِّيَاسِيَّ فِي سُوْرِيَا؟

تَوْفِيْقٌ: يُؤَكِّدُ الأَمِيْنُ العَامُّ لِلْأُمَمِ الْمُتَّحِدَةِ أَنَّهُ **آنَ الأَوَانُ** لِوَقْفِ القَتْلِ فِي سُوْرِيَا.

Mukhtar: How is the political situation in Syria?

Tawfiq: Very complicated.

Mukhtar: What does the Secretary-General of the United Nations think?

Tawfiq: The Secretary-General emphasizes that **the time has come** to stop the killing in Syria.

فِي آنٍ وَاحِدْ

at the same time; all at once

الأُسْتَاذُ: كَيْفَ حَالُ الطَّقْسِ اليَوْمَ؟
الطَّالِبُ: الطَّقْسُ اليَوْمَ غَرِيْبٌ.
الأُسْتَاذُ: كَيْفَ ذَلِكَ؟
الطَّالِبُ: السَّمَاءُ تُمْطِرُ وَالشَّمْسُ مُشْرِقَةٌ فِي آنٍ وَاحِدٍ.

Professor: How is the weather today?
Student: The weather is strange.
Professor: Why do you say that?
Student: It is raining heavily, yet the sun is shining **all at once**.

فَاتَ الأَوَانْ

it is too late; the ship has sailed

صَحَفِيٌّ: هَلْ سَيَكْتُبُ سِيرَتَهُ الذَّاتِيَّةَ قَرِيبًا؟
كَاتِبٌ: لَا أَظُنُّ ذَلِكَ.
صَحَفِيٌّ: لِمَاذَا؟
كَاتِبُ: يَبْدُو أَنَّهُ قَدْ **فَاتَ الْأَوَانُ**، وَهُوَ فِي حَالَةٍ حَرِجَةٍ فِي الْمُسْتَشْفَى.

Journalist: Is he going to write his autobiography soon?
Writer: I don't think so.
Journalist: Why?
Writer: It seems that **ship has sailed**; he is in critical condition at the hospital.

قَابَ قَوْسَيْنِ أَوْ أَدْنَى

around the corner; about to happen

الأَبُ: كَيْفَ يَرَى وَزِيْرُ الْمَالِيَّةِ حَالَةَ الاقْتِصَادِ بِالْبَلَدِ؟
الابْنُ: يُؤَكِّدُ وَزِيْرُ المَالِيَّةِ أَنَّ الاِنْتِعَاشَ الاِقْتِصَادِيَّ بَاتَ **قَابَ قَوْسَيْنِ أَوْ أَدْنَى**.
الأَبُ: هَلْ حَدَدَ جَدْوَلًا زَمَنِيًّا لِتَحْقِيقِ هَذَا؟
الابْنُ: قَالَ وَزِيرُ الْمَالِيَّةِ إِنَّ الِانْتِعَاشَ الِاقْتِصَادِيَّ سَيَشْعُرُ بِهِ الْمُوَاطِنُونَ فِي خِلَالِ خَمْسِ سِنِينَ.

Father: How does the Minister of Finance see the state of the economy in the country?
Son: He confirms that economic recovery is **around the corner**.
Father: Did he set a timetable to achieve this?
Son: He said that the economic recovery will be felt by citizens within five years.

فِي وَضَحِ النَّهَارْ

in broad daylight

فَارِسٌ: مَتَى ارْتُكِبَتِ الجَرِيْمَةُ؟
أُسَامَةُ: اِرْتَكَبَ القَاتِلُ جَرِيْمَتَهُ فِي وَضَحِ النَّهَارِ فِي الأَسْبُوعِ المَاضِي.
فَارِسٌ: كَيْفَ ارْتَكَبَ القَاتِلُ جَرِيْمَتَهُ؟
أُسَامَةُ: بِاسْتِخْدَامِ السِّكِّينِ.

Fares: When was the crime committed?

Osama: The killer committed his crime **in broad daylight** last week.

Fares: How did he commit the crime?

Osama: Using a knife.

دَاهَمَهُ (هَا) الوَقْتْ

to run out of time

صَحَفِيٌّ: كَيْفَ تَرَى التَّعَاوُنَ بَيْنَ الأَحْزَابِ السِّيَاسِيَّةِ والرَّئِيْسِ بِلُبْنَانَ؟
سِيَاسِيٌّ لُبْنَانِيّ: قَدْ لَا تُسَاعِدُ جُهُودُ الأَحْزَابِ السِّيَاسِيَّةِ بِلُبْنَانَ الرَّئِيْسَ عُوْنَ فِي أَشْهُرِهِ الأَخِيْرَةِ.
صَحَفِيٌّ: لِمَاذَا؟
سِيَاسِيٌّ لُبْنَانِيّ: لَقَدْ **دَاهَمَهُ الوَقْتُ** وَشَهِدَ سَنَوَاتٍ مِنَ التَّدْمِيْرِ المُمَنْهَجِ لِحُكْمِهِ.

Journalist: How do you see the cooperation between the political parties and the Lebanese president?
Lebanese Politician: The efforts of Lebanon's political parties may not help President Aoun in his final months.
Journalist: Why?
Lebanese Politician: He **ran out of time** after years of systematic destruction to his authority.

Exercises

1. Choose the correct answer from brackets below:

أ. تُغَطّي الصُّحُفُ العَالَمِيَّةُ أَخْبَارَ الزَّلَازِلِ فِي كُلِّ مَكَانٍ (فَاتَ الأَوَانُ - أَوَّلًا بِأَوَّلٍ - آنَ الأَوَانُ).

ب. إِنَّ (الوَقْتَ يُدَاهِمُنَا - وَضَحِ النَّهَارِ - آخِرُ صَيْحَةٍ) وَسَتَصِلُ مَوْجَةُ غَضَبِ المُوَاطِنِينَ إِلَى قَصْرِ الرِّئَاسَةِ فِي أَيِّ لَحْظَةٍ.

ج. المُدِيرُ الآنَ فِي السَّيَارَةِ وَأَصْبَحَ (وَضَحِ النَّهَارِ - أَوَّلًا بِأَوَّلٍ - قَابَ قَوْسَيْنِ أَوْ أَدْنَى) مِنَ الوُصُولِ إِلَى الشَّرِكَةِ وَحُضُورِ الاِجْتِمَاعِ.

د. كُلُّنَا نَكْرَهُ ذَلِكَ لَكِنْ (أَوَّلٌ بِأَوَّلٍ - فَاتَ الأَوَانُ - فِي آنٍ وَاحِدٍ) لِأَنْ نَقُولَ أَيَّ شَيْءٍ الآنَ.

هـ. الأُمُّ تَرْعَى طِفْلَهَا، وَتَطْبُخُ وَتُشَاهِدُ التِّلْفَاز (فِي آنٍ وَاحِدٍ - آخِرُ صَيْحَةٍ - آنَ الأَوَانُ).

2. Translate the following sentences:

أ. سَرَقُوا الشَّرِكَةَ فِي وَضَحِ النَّهَارِ.

ب. اِسْتَيْقَظَ الطَّالِبُ مُتَأَخِّرًا وَدَاهَمَهُ الوَقْتُ، وَلَمْ يَسْتَطِعْ أَكْلَ الفَطُورِ أَو تَرْتِيبَ غُرْفَتِهِ.

ج. آنَ الأَوَانُ لِتُقَابِلَ أُخْتِي الأَشْخَاصَ الَذِينَ أَعْرِفُهُمْ.

د. مِنْ فَضْلِكُمْ، لَا تَتحَدَثُوا فِي آنٍ وَاحِدٍ.

هـ. حَاوَلْتُ التَّفْكِيرَ فِي أَشْيَاءَ أُخْرَى، وَلَكِنَّ الوَقْتَ دَاهَمَنِي.

----

3. Match each expression from column (أ) with its meaning in column (ب)

(ب)	(أ)
a. at the same time	أ. آخِرُ صَيْحَةٍ
b. to keep someone in the loop	ب. آنَ الأَوَانُ
c. it is too late	ج. فِي آنٍ وَاحِدٍ
d. latest trend	د. فَاتَ الأَوَانُ
e. it is time	هـ. أَوَّلًا بِأَوَّلٍ

4. Fill in each of the blanks with the appropriate word from the list:

صَيْحَةٍ - طَفَحَ - أَوَّلًا - آنٍ - خَارِجَ - دَاهَمَهُمُ - الأَوَانُ

أ. اِقْتَرَبَ مَوْعِدُ الاِمْتِحَانِ، وَالعَدِيْدُ مِنَ الطُّلَّابِ .... الوَقْتُ، وَلَمْ يَسْتَعِدُّوْا لَهُ، وَلَا يعْرِفُوْنَ مِنْ أَيْنَ يَبْدَأُوْنَ.

ب. هَذِهِ سَيَّارَةُ" فِيرَارِي" آخِرُ .... فِي عَالَمِ صِنَاعَةِ السَّيَارَاتِ.

ج. الآنَ آنَ .... لإخْبَارِكَ شَيْئًا صَعْبًا جِدًّا لَطَالَمَا أَخْفَيْتُهُ عَنْكَ.

د. لِمَاذَا لَمْ تَقُلْ لِيَ الأَخْبَارَ .... بِأَوَّلٍ.

هـ. بَعْدَ عَشْرِ ثَوَانٍ تُفْتَحُ جَمِيعُ البَوَّابَاتِ فِي .... وَاحِدٍ.

5. Decide whether the following statements are true or false:

أ. "فِي آنٍ وَاحَدٍ" تَعْنِي "at the same time"

ب. "فِي وَضَحِ النَّهَارِ" تَعْنِي "promptly"

ج. "فَاتَ الأَوَانُ" تَعْنِي "to miss the boat"

د. "آنَ الأَوَانُ" تَعْنِي "at the same time"

هـ. "قَابَ قَوْسَيْنِ أَوْ أَدْنَى" تَعْنِي "latest trend"

و. "آخِرُ صَيْحَةٍ" تَعْنِي "very up-to-date"

ز.   "أَوَّلًا بِأَوَّلٍ" تَعْنِي "around the corner"

ح.   "دَاهَمَهُ الوَقْتُ" تَعْنِي "it is time"

4
Everyday Life

اِنْكَسَرَ خَاطِر (هُ)/ (هَا)

to get hurt; down in the dumps

سَارَةُ: مَاذَا بِهِ؟
هَيَامُ: هُوَ حَزِيْنٌ.
سَارَةُ: لِمَاذَا؟
هَيَامُ: تَشَاجَرَ مَعَ زَوْجَتِهِ، وَطَلَبَتْ مِنْهُ الطَّلَاقَ، وَأَصَرَّتْ عَلَيْهِ؛ **فَانْكَسَرَ خَاطِرُهُ.**
سَارَةُ: هَذَا مُؤْلِمٌ جِدًّا.

Sarah: What's wrong with him?
Hayam: He is sad.
Sarah: Why?
Hayam: He quarreled with his wife, and she insisted that he divorce her, so he is **down in the dumps**.
Sarah: That is very painful.

اِنْقَلَبَتِ الآيَةُ

reversed situation; the tables have turned

سَارَةُ: هَلْ سَمِعْتَ عَنْ تَرْقِيَةِ نَادِيَةَ الْجَدِيدَةِ؟
خَالِدٌ: نَعَمْ، سَمِعْتُ. مِنَ الْمُضْحِكِ كَيْفَ **انْقَلَبَتِ الآيَةُ**.
سَارَةُ: مَاذَا تَقْصِدُ؟
خَالِدٌ: هَلْ تَتَذَكَّرِينَ مَدَى صُعُوبَةِ الْوَظِيفَةِ السَّابِقَةِ بِالنِّسْبَةِ إِلَيْهَا فِي الْعَامِ الْمَاضِي؟
سَارَةُ: أَنْتَ عَلَى حَقٍّ. إِنَّهَا الْمُدِيرَةُ حَالِيًّا!
خَالِدٌ: مِنَ الْمُدْهِشِ مَدَى سُرْعَةِ تَغَيُّرِ الأُمُورِ.
سَارَةُ: صَحِيحٌ. مِنَ الْجَيِّدِ أَنَّهَا كَانَتْ قَادِرَةً عَلَى تَحْسِينِ الأُمُورِ.

Sarah: Did you hear about Nadia's new promotion?

Khaled: Yes, I did. It is amusing how **the tables have turned**.

Sarah: What do you mean?

Khaled: Do you recall how difficult her previous position was for her last year?

Sarah: You're right, and now she is the manager!

Khaled: It's astounding how quickly things can change.

Sarah: That's true. It's good that she was able to turn things around.

تَخُونُ (هُ)/ (هَا) الكَلِمَـاتْ

speechless; couldn't find the words

عِصَامٌ: مَاذَا قَالَ المُتَّهَمُ أَمْسِ فِي المَحْكَمَةِ؟
مُصْطَفَى: قَالَ إِنَّهُ لَا يَسْتَطِيعُ الدِّفَاعَ عَنْ نَفْسِهِ، **وَتَخُونُهُ الكَلِمَاتُ**، وَتَعِبَ مِنِ اتِّهَامِهِ المُسْتَمِرِّ بِالسُّوءِ وَالبَاطِلِ.
عِصَامٌ: هَلْ قَالَ شَيْئًا آخَرَ؟
مُصْطَفَى: نَعَمْ، قَالَ إِنَّهُ سَئِمَ مِنْ صَمْتِهِ.

Essam: What did the defendant say in court yesterday?
Mustafa: He said that he could not defend himself and **was speechless**; he was tired of the constant false accusations.
Essam: Did he say anything else?
Mustafa: Yes, he said he was tired of remaining silent.

تَنَفَّسَ (تَنَفَّسَتْ) الصُّعَدَاءْ

to breathe a sigh of relief

نَجْوَى: الخَمِيْسُ المَاضِي كَانَ يَوْمًا صَعْبًا لِي.
نِهَالُ: مَاذَا حَدَثَ؟
نَجْوَى: شَبَّ حَرِيْقٌ كَبِيْرٌ فِي بَيْتِ أُسْرَتِي، وَاحْتَرَقَ كُلُّ شَيْءٍ، وَلَكِنِّي **تَنَفَّسْتُ الصُّعَدَاءَ** عِنْدَمَا عَرَفْتُ أَنَّ جَمِيْعَ أَفْرَادِ أُسْرَتِي بِخَيْرٍ.
نِهَالُ: الحَمْدُ للهِ أَنَّكُمْ جَمِيْعًا بِخَيْرٍ.

Najwa: Last Thursday was a difficult day for me.
Nihal: What happened?
Najwa: There was a big fire in my family's house, and everything burned. I **breathed a sigh of relief** when I learned that everyone in my family was fine.
Nihal: Thank God you are all fine.

(ت) يَحْبِسُ الأَنْفَاسْ

breathtaking

مَجْدِي: مَا أَجْمَلَ هَذِهِ الصُّوْرَةِ.
نَجِيْبٌ: إِنَّهُ مَشْهَدٌ **يَحْبِسُ الأَنْفَاسَ**.
مَجْدِي: صَحِيحٌ، كَم هوَ جميلٌ أَنْ نَرَى البَرْق يَضْرِبُ بُرْجَ إِيْفِلَ بِبَارِيْسَ فِي فَرَنْسَا.
نَجِيْبٌ: أُحِبُّ هَذِهِ الصُّوْرَةَ كَثِيْرًا.

Magdy: This picture is so beautiful.
Najib: It is **breathtaking**.
Magdy: I agree, the lightning striking the Eiffel Tower in Paris is such a beautiful sight.
Najib: I like this picture very much.

حَيْصَ بَيْصَ

in a total mess; in confusion

الجَارَةُ: مَاذَا حَدَثَ بِالْأَمْسِ؟
سَحَرُ: بِالأَمْسِ تَشَاجَرَتْ عَائِلَتِي وَعَائِلَةُ زَوْجِيْ.
الجَارَةُ: وَهَلْ تَصَالَحَا؟
سَحَرُ: لَا، لَقَدْ تَفَاقَمَتِ المُشْكِلَةُ بِيْنَهُمْ، وَوَضَعَتْهُمْ فِي **حَيْصَ بَيْصَ**.

Female neighbor: What happened yesterday?
Sahar: Yesterday, my family and my husband's family quarreled with each other.
Female neighbor: Have they reconciled?
Sahar: No, the issue between them kept escalating, and we are now **in a total mess**.

طَفَحَ الكَيْلْ

enough is enough

سَمِيْرَةُ: لَقَدْ طَفَحَ الكَيْلُ يَا حَامِدُ، لَا أُرِيْدُ أَنْ أَعِيْشَ مَعَكَ بَعْدَ الْآنَ!
حَامِدٌ: مِنْ فَضْلِكِ انْتَظِرِي.
سَمِيْرَةُ: لَا مَجَالَ لِلنِّقَاشِ؛ فَقَدْ اِنْتَهَى كُلُّ شَيْءٍ بَيْنَنَا.
حَامِدٌ: لَا أَسْتَطِيعُ أَنْ أَتَقبَلَ ذَلِكَ، فَقَطْ نَحْتَاجُ إلى فُرْصَةٍ أُخْرَى.
سَمِيْرَةُ: هَذَا مُسْتَحِيل، هَذِهِ هِيَ نِهَايَةُ عِلَاقَتِنَا.

Samira: Enough is enough, Hamed. I do not want to live with you anymore!
Hamed: Please, wait.
Samira: There is no room for discussion, it is all over between us.
Hamed: I cannot accept that. We just need another chance.
Samira: No way, this is the end of our relationship.

بَيْتُ القَصِيْدْ

the bottom line; that's the point

الأُمُّ: إِذَا لَمْ تَنْجَحْ وَتَحْصُلْ عَلَى مُعَدَّلٍ عَالٍ، فَلَنْ تَبْلُغَ مَا تُرِيْدُ.
الابْنُ: مَاذَا تَقْصِدِيْنَ يَا أُمِّيْ؟
الأُمُّ: النَّجَاحُ فَقَطْ لَا يُفِيْدُكَ. فَأَنْتَ تَحْتَاجُ إِلى دَرَجَاتٍ عَالِيَةٍ لِتَحْصُلَ عَلَى التَّخَصُّصِ وَالمِنْحَةِ الدِّرَاسِيَّةِ اللَّذَينِ تُرِيْدُهُمَا، وَهَذَا **بَيْتُ القَصِيْدِ**، هَلْ تَفْهَمُنِي؟
الابْنُ: نَعَمْ، إِنْ شَاءَ اللهُ أَنْجَحُ وأَحْصُلُ عَلَى المِنْحَةِ الدِّرَاسِيَّةِ.

Mother: If you do not earn a high enough GPA, you will not get what you want.
Son: What do you mean, mom?
Mother: It is not enough to pass the exams; you need good grades to get the major and the scholarship you want. **That is the bottom line**, do you understand me?
Son: Yes, God willing, I will succeed and get the scholarship.

ابْنُ (بِنْتُ) سَاعَتِهِ/ (هَا)
unplanned; spur-of-the-moment

الجَدَّةُ: لِمَاذَا لَمْ تَتَّصِلْ بِيْ عِنْدَمَا قَرَّرْتَ البَقَاءَ فِي القَاهِرَةِ؟
الحَفِيْدُ: لَمْ أُخَطِّطْ لِلْبَقَاءِ فِي القَاهِرَةِ حَتَّى نِهَايَةِ الأُسْبُوْعِ.
الجَدَّةُ: وَمَتَى قَرَّرْتَ البَقَاءَ فِي القَاهِرَةِ؟
الحَفِيْدُ: كَانَ القَرَارُ ابْنَ سَاعَتِهِ.

Grandmother: Why didn't you call me when you decided to stay in Cairo?
Grandson: I did not plan to stay till the end of the week.
Grandmother: When did you decide to stay in Cairo?
Grandson: It was a **spur-of-the-moment** decision.

خَارِجَ الصُّنْدُوْق

to think creatively; out of the box

الابْنُ: كَيْفَ أَنْجَحُ فِي عَمَلِي يَا أَبِي؟
الأَبُ: لِكَيْ تُصْبِحَ نَاجِحًا فِي عَمَلِكَ يَجِبُ عَلَيْكَ الابْتِكَارُ وَالبَرَاعَةُ.
الابْنُ: وَمَاذَا يَتَطَلَّبُ ذَلِكَ؟
الأَبُ: هَذَا يَتَطَلَّبُ مِنْكَ امْتِلَاكَ مَهَارَةِ التَّفْكِيرِ خَارِجَ الصُّنْدُوْقِ.

Son: How do I succeed in my work, dad?
Father: To become successful in your work, it takes innovation and ingenuity.
Son: What does that require?
Father: This requires you to have the skill of thinking **out of the box**.

بِشِقِّ الأَنْفُسْ

with great effort; with difficulty; an uphill battle

وَ ائِلٌ: مَتَى كَانَتْ مُبَارَاةُ تشِيْلسِي فِي دَوْرِيِّ أَبْطَالِ أوْروْبَّا؟
نَبِيْلٌ: المُبَارَاةُ كَانَتْ أَمْسُ.
وَ ائِلٌ: وَكَيْفَ كَانَتِ المُبَارَاةُ؟
نَبِيْلٌ: كَانَتْ مُبَارَاةً صَعْبَةً لِلْغَايَةِ، فَازَ فِيْهَا فَرِيْقُ تِشِيْلسِي **بِشَقِّ الأَنْفُسِ** بِنَتِيْجَةِ (١/صِفْرٌ) بَعْدَ دِفَاعٍ رَائِعٍ مِنَ الفَرِيْقِ المُنَافِسِ.

Wael: When was the Chelsea match in the Champions League?
Nabil: The match was yesterday.
Wael: How was the match?
Nabil: It was a very difficult match, Chelsea won 1-0 **with difficulty** after some great defense from the opposing team.

بِدُوْنِ مُقَدِّمَاتْ

out of the blue; completely unexpectedly

حُسَيْنٌ: هَلْ كَانَتْ أُخْتُكِ سُعَادُ تَعْلَمُ أَنَّ زَوْجَهَا يَنْوِي تَطْلِيقَهَا؟
بَهِيْرَةُ: لَا، مُطْلَقًا. لَمْ يَكُنْ لَدَيْهَا أَيُّ فِكْرَةٍ عَنْ وُجُوْدِ أَيِّ مُشْكِلَةٍ حَتَّى أَعْلَنَ زَوْجُهَا **بِدُوْنِ مُقَدِّمَاتٍ** أَنَّهُ يُرِيْدُ طَلَاقَهَا.
حُسَيْنٌ: هَذَا غَرِيْبٌ جِدًّا.

Hussein: Was your sister Souad aware that her husband intended to divorce her?
Bahira: No, not at all. She had no idea that anything was wrong until her husband announced **out of the blue** that he wanted a divorce.
Hussein: That is very strange!

عَلَى مَضَضٍ

reluctantly; unwillingly

حُسَامٌ: عَادَلٌ وَمُنِيْرٌ تَصَالَحَا **عَلَى مَضَضٍ**.
أَمِيْنٌ: كَيْفَ ذَلِكَ؟
حُسَامٌ: لَا يزَالَانِ غَيْرَ مُتَوَاصِلَيْنِ مَعَ بَعْضِهِمَا بَعْضًا، وَكُلُّ وَاحِدٍ مِنْهُمَا لَا يُحِبُّ أَنْ يَذْكُرَ الآَخَرَ.
أَمِيْنٌ: يَا لَهَا مِنْ مُصَالَحَةٍ!

Hossam: Adel and Mounir **reluctantly** reconciled.
Amin: How is that?
Hossam: They are still out of touch, and each of them doesn't like to mention the other.
Amin: What a reconciliation!

نِكَايَةً فِي

out of spite; on purpose; intentionally

مَاجِدٌ: لِمَاذَا أَخْبَرْتَ وَالِدِيْ بِأَنَّنِي رسبت فِي اِمْتِحَانِ الرِّيَاضِيَّاتِ؟
سَيِّدٌ: فَعَلْتُهَا **نِكَايَةً فِيْك.**
مَاجِدٌ: لِمَاذَا؟ مَاذَا فَعَلْتُ لَكَ؟
سَيِّدٌ: لِأَنَّكَ لَمْ تَجْعَلْهُ يَسْمَحْ لِي بِالذَّهَابِ فِي الرِّحْلَةِ المَدْرَسِيَّةِ.

Majid: Why did you tell my father that I failed the math test?
Sayid: I did it **on purpose**!
Majid: Why? What did I do to you?
Sayid: Because you did not make him agree to let me go on the school trip.

فِي السَّرَّاءِ والضَّرَّاءْ

for better or for worse; in good times and bad times

مُحْسِنٌ: كَيْفَ تُسَاعِدُ الحُكُومَةُ المُوَاطِنِينَ؟
مُتَوَلِّي: تُؤَكِّدُ الحُكُومَةُ أَنَّهَا سَتَكُونُ مَعَ المُوَاطِنِينِ فِي السَّرَّاءِ والضَّرَّاءِ.
مُحْسِنٌ: أَتَمَنَّى ذَلِكَ.
مُتَوَلِّي: إِنْ شَاءَ اللهُ خَيْرًا.

Mohsin: How does the government help the citizens?
Metwally: The government confirms that it will be there for citizens **in good times and bad times**.
Mohsin: I hope so.
Metwally: God willing, everything will be alright.

وُضِعَ عَلَى المِحَكّ

at stake; to put someone or something to the test

الصَّحَفِيُّ: كَيْفَ كَانَ أَدَاءُ الفَرِيْقِ المِصْرِيّ لِكُرَةِ القَدَمِ فِي البُطُوْلَةِ الإِفْرِيْقِيَّةِ؟

المُدِيْرُ الفَنِّيُّ: كَانَ أَدَاءُ الفَرِيْقِ المِصْرِيِّ لِكُرَةِ القَدَمِ فِي البُطُوْلَةِ الإِفْرِيْقِيَّةِ مُشَرِّفًا لِلغَايَة.

الصَّحَفِيُّ: فِي رَأْيِكَ، لِمَاذَا ظَهَرَ الفَرِيْقُ المِصْرِيُّ بِهَذَا المُسْتَوَى؟

المُدِيْرُ الفَنِّيُّ: لَعِبَ الفَرِيْقُ المِصْرِيُّ لِكُرَةِ القَدَمِ فِي البُطُوْلَةِ الإِفْرِيْقِيَّةِ بِكُلِّ قُوَّةٍ لِأَنَّ البُطُوْلَةَ القَارِّيَّةَ كَانَتْ **عَلَى المِحَكِّ**.

Journalist: How was the Egyptian football team's performance in the African Cup of Nations?

Technical Director: The Egyptian football team's performance was quite admirable.

Journalist: In your opinion, why did they perform at this level?

Technical Director: The team played in the African Championship with all its strength because the continental championship was **at stake**.

عَنْ بَكْرَةِ أَبِيْهِ (هَا)

altogether; the entire

جَاكْلِيْنُ: مَنِ اسْتَقْبَلَ المُرَشَّحَ الدِّيْمُقْرَاطِيَّ لِلرِّئَاسَةِ فِي مَدِيْنَتِكَ؟

نُوْحٌ: عِنْدَمَا جَاءَ المُرَشَّحُ الدِّيْمُقْرَاطِيُّ لِلرِّئَاسَةِ لِمَدِيْنَتِي، خَرَجَتِ المَدِيْنَةُ **عَنْ بَكْرَةِ أَبِيْهَا** لِاسْتِقْبَالِهِ.

جَاكْلِيْنُ: هَذَا دَلِيلٌ عَلَى شَعْبِيَّةِ الْحِزْبِ الدِّيْمُقْرَاطِيِّ وَمَدَى حُبِّ النَّاسِ لِمُرَشَّحِهِ.

نُوْحٌ: أَتَّفِقُ بِشَدَّةٍ.

Jacqueline: Who greeted the Democratic presidential candidate in Boston?

Noah: When the Democratic presidential candidate came to my town, **the entire** city went to greet him.

Jacqueline: This is evidence of the popularity of the Democratic Party and how much people love its candidate.

Noah: I totally agree.

لَيِّنٌ (لَيِّنَةٌ) العَرِيْكَةِ

easy-going; laid-back; tolerant

هَيَامُ: هَلْ يُحِبُّ الجَمِيْعُ مُدِيْرَةَ الْمَدْرَسَةِ؟
كَامِيلْيَا: نَعَمْ، نَحْنُ جَمِيعًا نُحِبُّ مُدِيرَتَنَا؛ هِيَ بِمَثَابَةِ الْأُمِّ لَنَا جَمِيعًا.
هَيّامُ: لِمَاذَا يُحِبُّهَا الْجَمِيعُ؟
كَامِيلْيَا: لِأَنَّهَا **لَيِّنَةُ العَرِيْكَةِ**، وَدَائِمًا تَتَنَاقَشُ مَعَنَا بِكُلِّ وُدٍّ وَاحْتِرَامٍ، وَنَضْحَكُ مَعًا أَيْضًا.

Hayam: Does everyone like the school principal?
Camelia: Yes, we all love our principal; she is like a mother to all of us.
Hayam: Why does everyone love her?
Camelia: Because she is **laid-back,** and she always talks to us with love and respect, and we laugh together too.

صَعْبُ (صَعْبَةُ) المِرَاسْ

stubborn; high-maintenance

إِلْهَامُ: أُخْتِي حَصَلَتْ عَلَى الطَّلَاقِ.
مُرَادٌ: لِمَاذَا؟
إِلْهَامُ: زَوْجُهَا **صَعَبُ المِرَاسِ**، وَكَانَ دَائِمَ الشِّجَارِ مَعَهَا لِأَتْفَهِ الأَسْبَابِ.
مُرَادٌ: أَظُنُّ أَنَّ الطَّلَاقَ جَيِّدٌ لَهَا وَلِأَطْفَالِهِمَا أَيْضًا.

Elham: My sister got divorced.
Murad: Why?
Elham: Her husband is **stubborn** and always quarrels with her for trivial reasons.
Murad: I think divorce is good for her and their children too.

ضَاقَ (تْ) ذَرْعًا

to be fed up with something; have had it

أَمِينٌ: مَا سَبَبُ غَضَبِ وَالِدِ عَاصِمٍ؟
نِرْمِينُ: مُشْكِلاتُ أَبْنَائِهِ.
أَمِينٌ: مَاذَا فَعَلُوا؟
نِرْمِينُ: ضَاقَ وَالِدُ عَاصِمٍ **ذَرْعًا** بِمُشْكِلاتِ أَبْنَائِهِ بِالمَدْرَسَةِ مِنْ نَاحِيَةٍ، وَمَعَ أَوْلَادِ الجِيْرَانِ مِنْ جِهَةٍ أُخْرَى.

Amin: What is the reason for Assim's father's anger?
Nermin: His children's problems.
Amin: What did they do?
Nermin: The father **has had it with** their misbehavior at school on the one hand, and with the neighbors' children on the other hand.

Exercises

1. Choose the correct answer from brackets below:

أ. أكلَ الوَلَدُ الطَّعَامَ **(عَلَى مَرْمَى حَجَرٍ - عَلَى مَضَضٍ - عَلَى المِحَكِّ)** حَتَّى لَا تَغْضَبَ وَالِدَتُه.

ب. عِنْدَمَا عَادَتْ أُخْتِي مِنَ المَدْرَسَةِ كَتَبَتْ وَاجِبَهَا **(فِي لَمْحِ البَصَرِ - اِسْتَرَقَ السَّمْعَ - نِكَايَةً فِي)** وبَدَأَتْ فِي اللَّعِبِ مُبَاشَرَةً.

ج. صَدِيْقِي طَلَّقَ زَوْجَتَهُ **(عَلَى المِحَكِّ - حَيْصَ بَيْصَ - بِدُوْنِ مُقَدِّمَاتٍ)** مُنْذُ شَهْرَيْنِ بَعْدَ زَوَاجٍ دَامَ لِمُدَّةِ سَنَتَيْنِ، وَهِيَّ لَا تَعْرِفُ سَبَبَ الطَّلَاقِ حَتَّى الآنَ.

د. الكُلُّ وَقَعَ فِي **(طَفَحَ الكِيْلُ - حَيْصَ بَيْصَ - خَارِجِ الصُّنْدُوْقِ)** بَعْدَ زِيَادَةِ الضَّرَائِبِ الجَدِيْدَةِ.

هـ. عِنْدَمَا وَصَلَ مُرَشَّحُ الحِزْبِ الدِّيْمُقْرَاطِيِّ إِلَى مَدِيْنَتِي خَرَجَ النَّاسُ **(عَنْ بَكْرَةِ أَبِيْهِمْ - عَلَى مَرْمَى حَجَرٍ - بِرُخْصِ التُّرَابِ)** لِاسْتِقْبَالِهِ.

و. الرَّجُلُ ضَرَبَ صَدِيْقَهُ فِي الشَّارِعِ **(بَيْنَ المِطْرَقَةِ وَالسَّنْدَانِ - عَلَى مَرْمَى حَجَرٍ - عَلَى مَرْأًى وَمَسْمَعٍ)** مِنْ أَسْرَتِهِ وَجِيْرَانِهِ.

ز. النَّاسُ **(فَاتَ الأَوَانُ - طَفَحَ الكَيْلُ - يَحْبِسُ الأَنْفَاسَ)** بِهِمْ، وَهُمْ الآنَ يَقِفُوْنَ يَدًا وَاحِدَةً لِلْقَضَاءِ عَلَى تَهْمِيْشِ الأَطْفَالِ.

ح. فِي الأَيَّامِ القَلِيْلَةِ القَادِمَةِ، سَتَعْمَلُوْنَ عَلَى تِلْكَ القَضَايَا (**نِكَايَةً فِي - قَابَ قَوْسَيْنِ أَوْ أَدْنَى - قَلْبًا وَقَالَبًا**).

ط. إِنَّ الوَضْعَ الرَّاهِنَ يَعُوْدُ بِالنَّفْعِ عَلَى (**العُوْدِ الأَخْضَرِ - السَّوَادِ الأَعْظَمِ - الابْتِسَامَةِ الصَّفْرَاءِ**) مِنَ الدُّوَلِ الأَعْضَاءِ.

ي. تُغَطِّي الصُّحُفُ العَالَمِيَّةُ أَخْبَارَ الزَّلَازِلِ فِي كُلِّ مَكَانٍ (**فَاتَ الأَوَانُ - أَوَّلًا بِأَوَّلٍ - آنَ الأَوَانُ**).

ك. فَازَ المُنْتَخَبُ المَغْرِبِيُّ عَلَى مُنْتَخَبِ غَانَا (**بِدُوْنِ مُقَدِّمَاتٍ - بِشِقِّ الأَنْفُسِ - بِغَضِّ النَّظَرِ**) فِي مُنَافَسَةِ كَأْسِ الأُمَمِ الإِفْرِيْقِيَّةِ لِعَامِ ٢٠٢١ بِالْكَامِيْرُوْن.

ل. أَخِي (**صَعْبُ المِرَاسِ - نَافِذُ البَصِيْرَةِ - لَيِّنُ العَرِيْكَةِ**) وَدَائِمًا يَتَّخِذُ قَرَارَاتَهُ بِنَفْسِهِ، وَلَا يَقْبَلُ رَأْيَ أَيِّ شَخْصٍ فِي أَيِّ شَيْءٍ يَفْعَلُهُ.

م. بِوَفَاةِ نِيْلْسُوْن مَانْدِيْلَّا، رَئِيْسُ جَنُوْبِ إِفْرِيْقِيَا السَّابِقُ؛ فَقَدَ العَالَمُ زَعِيْمًا (**صَعْبَ المِرَاسِ - على المِحَكِّ - لَا يُشَقُّ لَهُ غُبَارٌ**).

ن. كَانَ الرَّجُلُ (**قَصِيْرَ البَاعِ - لَيِّنَ العَرِيْكَةِ - بَعِيْدَ النَّظَرِ**) وَدَائِمًا يَنْظُرُ إِلَى الأَشْيَاءِ وَالأُمُورِ بِفِكْرٍ وَاسِعٍ.

س. كَانَ خَالِدُ بنُ الوَلِيدِ قَائِدًا عَظِيمًا وَمُحَارِبًا (**صِيْرَةُ البَاعِ - صَعْبَ المِرَاسِ - لَا يُشَقُّ لَهُ غُبَارٌ**).

2. Translate the following sentences:

أ. فَجْأَةً وَبِدُوْنِ مُقَدِّمَاتٍ طَلَبَتِ الزَّوْجَةُ الطَّلَاقَ مِنْ زَوْجِهَا دُوْنَ إِبْدَاءِ أَسْبَابٍ.

ب. هَلْ صَحِيْحٌ أَنَّ المُسْتَقْبَلَ السِّيَاسِيَّ لِلْرَئِيْسِ الأَمرِيْكِي عَلَى المِحَكِّ؟

ج. قَد يَسْأَلُ البَعْضُ عَن كَيْفَيَّةِ التَّفْكِيرِ خَارِجَ الصُّنْدُوْقِ.

د. بَارِيس سَان جَيرمَان يَفُوزُ بِشَقِّ الأَنْفُسِ عَلَى مَرْسِيلْيَا.

هـ. لَمْ تَفْعَلُوا شَيْئًا، هَذَا هُو بَيْتُ القَصِيْدِ.

و. نُرِيدُ أنْ نَعْرِفَ كَيْفَ نَتَعَامَلُ مَعَ طِفْلٍ صَعْبِ المِرَاسِ؟

ز. ضَاقَ الطَّالِبُ ذَرْعًا مَنْ سُوءِ مُعَامَلَةِ أَسْتَاذِهِ لَكِنَّهُ لَمْ تَكُنْ لَدَيْهِ جَرْأَةٌ لِلتَّحَدُّثِ إِلَيْهِ.

ح. أُسْتَاذِي هُوَ شَخْصٌ لَيِّنُ الْعَرِيكَةِ وَيَتَعَامَلُ بِلُطْفٍ مَعَ كُلِّ الطُّلَّابِ.

----

3. Match each expression from column (أ) with its meaning in column (ب):

(ب)	(أ)
a. stubborn	أ. يَحْبِسُ الأَنْفَاسَ
b. to breathe a sigh of relief	ب. طَفَحَ الكَيْلُ
c. easy-going	ج. تَخُونُهُ الكَلِمَاتُ
d. enough is enough	د. حَيْصَ بَيْصَ
e. to be fed up or tired with something	هـ. اِنْقَلَبَتِ الآيَةُ
f. to be on the horns of a dilemma	و. تَنَفَّسَ الصُّعَدَاءَ
g. to be unable to express one's thoughts	ز. اِنْكَسَرَ خَاطِرُهُ
h. to be emotionally hurt	ح. لَيِّنُ العَرِيكَة
i. reversed situation	ط. صَعْبُ المِرَاس
j. breathtaking	ي. ضَاقَ ذَرْعًا

4. Fill in each of the blanks with the appropriate word from the list:

بَيْتُ - اِنْكَسَرَ - الأَنْفَاسَ - الأَخْضَرَ - المِحَكِّ - المِرَاسِ - الضَّرَّاءِ - بِدُوْنِ - طَفَحَ - الرِّمَالِ - بِشِقِّ - خَارِجَ

أ. .... خَاطِرُ الأَطْفَالِ بِغِيَابِ وَالِدِهِمْ عَنِ البَيْتِ لِفَتْرَةٍ طَوِيْلَةٍ دُوْنَ مَعْرِفَةِ أَيِّ شَيْءٍ عَنْهُ.

ب. فَرِيْقُ لِيفَرْبُوْل يُوَاصِلُ الضَّغْطَ عَلَى فَرِيْقِ السِّيتِي بِالْفَوْزِ أَمَامَ فَرِيْقِ وِيْسْت هَام .... الأَنْفُسِ.

ج. لَقَدْ غَادَرَتِ المَرِيْضَةُ المُسْتَشْفَى أَمْسِ وَحْدَهَا و .... مُقَدِّمَاتٍ.

د. سِرُّ غَضَبِ الأُمِّ مِنْ أَبْنَائِهَا أَنَّهُمْ لَمْ يرتِّبوا غُرَفِهِمْ، وَهَذَا هُوَ .... القَصِيْدِ.

هـ. يَكْفِي مَا نَتَعَرَّضُ لَهُ مِنْ ضَغْطٍ وَقَهْرٍ، وَنَحْنُ نَرَى أَحْلَامَنَا تَتَلَاشَى كُلَّ يَوْمٍ أَمَامَ أَعْيُنِنَا، لَقَدْ .... الكَيْلُ.

و. الطِّفْلُ رَيَّانُ الَّذِي سَقَطَ فِي بِئْرٍ ضَيِّقَةٍ قِصَّةٌ تَحْبِسُ .... فِي المَغْرِبِ وَالعَالَمِ العَرَبِيِّ كُلِّهِ.

ز. نَحْتَاجُ إلى أَنْ نُفَكِّرَ............... الصُّنْدُوقِ مِنْ أَجْلِ تَحْقِيْقِ زِيَادَةٍ فِي أَرْبَاحِ مَشْرُوْعِنَا الجَدِيْدِ.

ح. تَعَاهَدَ الزَّوْجَانِ عَلى مُسَاعَدَةِ بَعْضِهِمَا البَعْضَ فِي السَّرَّاءِ وَ ....

ط. لَا أُحِبُّ الأَشْخَاصَ الَّذِيْنَ يَضَعُوْنَ حَيَاتَهُمْ عَلَى ....

ي. عَاجَلًا أَمْ آجَلًا سَتَعْرِفُ أَنَّ وَالِدَتِي صَعْبَةُ .... وَلَيْسَ مِنَ السَّهْلِ إِقْنَاعُهَا بِأَيِّ شَيْءٍ.

5. Decide whether the following statements are true or false:

أ. "طَفَحَ الكَيْلُ" تَعْنِي "reversed situation"

ب. "بِشِقِّ الأَنْفُس" تَعْنِي "out of the box"

ج. "تَخُونُهُ الكَلِمَاتُ" تَعْنِي "in a total mess"

د. "ابْنُ سَاعَتِهِ" تَعْنِي "to have a say on something"

هـ. "انْقَلَبَتِ الآيَةُ" تَعْنِي "to breathe a sigh of relief"

و. "بَيْتُ القَصِيْدِ" تَعْنِي "enough is enough"

ز. "حَيْصَ بَيْصَ" تَعْنِي "spur-of-the-moment"

ح. "تَنَفَّسَ الصُّعَدَاءَ" تَعْنِي "to be speechless"

ط. "انْكَسَرَ خَاطِرُهُ" تَعْنِي "to be emotionally hurt"

ي. "خَارِجَ الصُّنْدُوْقِ" تَعْنِي "the bottom line"

ك. "بِدُوْنِ مُقَدِّمَاتٍ" تَعْنِي "with difficulty"

ل. "لَيِّنُ العَرِيْكَةِ" تَعْنِي "laid-back"

م. "صَعَبُ المِرَاسِ" تَعْنِي "unrivaled"

ن. "ضَاقَ ذَرْعًا" تَعْنِي "stubborn"

5
Colors

أَعْطَى (تِ) الضَوْءَ الأَخْضَرْ

to give the green light; to give permission or allow something to happen

---

الأَبُ: مَنْ أَعْطَاكَ المَالَ لَمَشْرُوْعِكَ الخَّاصِّ؟

الابْنُ: البَنْكُ أَعْطَانَي المَالَ.

الأَبُ: وَمَتَى سَتَبْدَأُ مَشْرُوْعَكَ؟

الاِبْنُ: الْحُصُولُ عَلَى الْمَالِ مِنْ الْبَنْكِ **أَعْطَانِي الضَّوْءَ الْأَخْضَرَ** لِبَدْءِ الْمَشْرُوعِ عَلَى الْفَوْرِ.

Father: Who gave you the money for you to start your own project?

Son: The bank gave me the money.

Father: When will you start your project?

Son: Obtaining money from the bank **gave** me **the green light** to start the project right away.

أَكَلَ (تْ) الأَخْضَرَ وَاليَابِسْ

obliterated everything of substance; devoured everything

الأُسْتَاذُ: كَمْ سَنَةً اِسْتَمَرَّ النِّظَامُ السِّيَاسِيُّ فِي هَذَا البَلَدِ؟
الطَّالِبُ: اِسْتَمَرَّ هَذَا النِّظَامُ أَرْبَعَةً وَعِشْرِيْنَ سَنَةً.
الأُسْتَاذُ: وَلِمَاذَا سَقَطَ فِي النِهَايَةِ؟
الطَّالِبُ: لأَنَّهُ **أَكَلَ الأَخْضَرَ وَاليَابِسَ** خِلَالَ فَتْرَةِ حُكْمِهِ.

Male professor: How many years did this regime's reign last in this country?
Male student: This regime lasted twenty-four years.
Male professor: Why did it fall at the end?
Male student: Because it **devoured everything** during its rule.

عُوْدُهُ (هَا) أَخْضَرْ

to be naïve or inexperienced; green

فُؤَادٌ: مَا رَأْيُكَ بِالمُوَظَّفِ الجَدِيْدِ؟
حَسَنٌ: مَا زَالَ عُوْدُهُ أَخْضَرَ، وَيَحْتَاجُ إِلَى تَدْرِيْبٍ.
فُؤَادٌ: صَحِيْحٌ، هَلْ يُمْكِنُكَ مُسَاعَدَتُهُ مِنْ فَضْلِكَ؟
حَسَنٌ: بِكُلِّ سُرُوْرٍ.

Fouad: What do you think of the new employee?
Hassan: He is still **inexperienced** and needs training.
Fouad: Can you help him, please?
Hassan: With pleasure.

السَّوَادُ الأَعْظَمْ

the vast majority

الأُسْتَاذُ: مَا هِيَ اللُّغَةُ الرَّسْمِيَّةُ فِي دَوْلَةِ تشِيْلِي؟
الطَّالِبُ: اللُّغَةُ الرَّسْمِيَّةُ لِدَوْلَةِ تشِيْلِي هِيَ الإِسْبَانِيَّةُ.
الأُسْتَاذُ: هَلْ كُلُّ السُّكَّانِ فِي دَوْلَةِ تِشِيلِي يَتَكَلَّمُونَ الإِسْبَانِيَّةَ؟
الطَّالِبُ: نَعَمْ، يَتَكَلَّمُهَا **السَّوَادُ الأَعْظَمُ** مِنْ السُكَّانِ هُنَاكَ.

Male teacher: What is the official language in Chile?
Male student: Spanish is the official language of Chile.
Male teacher: Do all Chileans speak Spanish?
Male student: Yes, **the vast majority** of the population there speak it.

مَاضِيْهُ (هَا) أَسْوَدْ

to have a shady past

الأُمُّ: اِبْتَعِدْ عَنْ عِصَامَ يَا خَالِدُ.
خَالِدٌ: لِمَاذَا يَا أُمِّيَ؟
الأُمُّ: إِنَّهُ رَجُلٌ سَيِّئُ السُّمْعَةِ، وَ**مَاضِيْهُ أَسْوَدُ**، وَارْتَكَبَ العَدِيد مِنْ الجَرَائِمِ وَقَضَى فِي السّجْنِ أَكْثَرَ مِنَ خَمْسِ سَنَوَاتْ.
خَالِدٌ: هَذَا شَيْءٌ مُخِيفٌ، أَشْكُرِكِ عَلَى إِبْلَاغِي بِذَلِكَ الْآنَ قَبْلَ فَوَاتِ الأَوَانِ.

Mother: Khaled, please stay away from Issam.
Khaled: Why, mom?
Mother: He is a man with a bad reputation and has a **shady past**. He committed many crimes and spent more than five years in prison.
Khaled: That is scary. Thank you for warning me before it's too late.

كَذِبَةٌ بَيْضَاءْ

white lie

عُمَرُ: كَيْفَ تَرَى الْكَذِبَةَ الْبَيْضَاءَ؟
زَكِيٌّ: أَحْيَانًا **الكَذِبَةُ البَيْضَاءُ** تَكُوْنُ أَقَلَّ ضَرَرًا مِنَ الحَقِيْقَةِ القَاسِيَةِ.
عُمَرُ: عِنْدُكَ حَقْ، وَلَكِنّ الكَذِبَ كُلَّه غَيْرُ مُرَحَّبٍ بِهِ فِي جَمِيعِ الأَحْوَالِ.
زَكِيٌّ: أَتَفِقُ بِشَدَّةٍ.

Omar: What do you think about **white lies**?
Zaki: Sometimes a **white lie** is less harmful than the harsh truth.
Omar: You are right, but lying is wrong regardless of the circumstances.
Zaki: I strongly agree.

ابْتِسَامَةٌ صَفْرَاءُ

a fake or insincere smile

سَامِرٌ: هل شاهدت مباراة ليفربول مع الأرسنال؟
إِمَامٌ: نعم كانتْ مُباراةً رائعةً، هل تابعتَهَا؟
سَامِرٌ: مَعَ الأَسَفِ لَمْ أَتَمَكَّنْ مِنْ مُشَاهَدَتِهَا، لَكِنْ عَلِمْتُ أَنَّهُ حَدَثَ شِجَارٌ بَيْنَ صَلَاحِ وبَابَاسَتَاثُوبُولُوس، مَتَى بَدَأَ اللَّاعِبَانِ فِي الشِّجَارِ؟
إِمَامٌ: خَرَجَ اللَّاعِبَانِ مِنَ المَلْعَبِ وَتَبَادَلَا **ابْتِسَامَةً صَفْرَاءَ**، ثُمَّ بَدَأَ الشِّجَارُ بَيْنَهُمَا.

Samer: Did you watch Liverpool's match with Arsenal?
Imam: Yes, it was a great match. Did you see it?
Samer: Unfortunately, I was not able to watch it, but I heard that there was a quarrel between Salah and Papastathopoulos. How did the fight start?
Imam: The two players exchanged **a fake smile** as they were leaving the field, then they started fighting.

Exercises

1. Choose the correct answer from brackets below:

أ. لَا أُحِبُّ الأَشْخَاصَ ذَوِي (**العُوْدِ الأَخْضَرِ - الاِبْتِسَامَةِ الصَّفْرَاءِ - السَّوَادِ الأَعْظَمِ**) الَّذِيْنَ يُضْمِرُوْنَ مَا لَا يُظْهِرُوْنَ.

ب. مَاتَ الوَالِدَانِ وَتَرَكَا ثَلَاثَةَ أَطْفَالٍ صِغَارٍ (**بَعِيْدِيْ النَّظَرِ - مَاضِيهِمْ أَسْوَدُ - عُوْدَهِمْ أَخْضَرُ**) يُوَاجِهُوْنَ الحَيَاةَ بِلَا سَنَدٍ أَوْ دَعْمٍ مِنْ أَحَدٍ.

ج. أَبِي لَهُ (**بَيْتُ القَصِيْدِ - اِبْتِسَامَةٌ صَفْرَاءُ - بَاعٌ طَوِيْلٌ**) فِي تَرْبِيَةِ الحَيَوَانَاتِ.

د. رَفَضَتْ وَالِدَتُهُ أَنْ تَشْتَرِيَ لَهُ سَيَّارَةً، لِأَنَّ (**عُوْدَهُ أَخْضَرُ - عَلَى المِحَكِّ - فَاتَ الأَوَانُ**) وَلَا يَزَالُ بِحَاجَةٍ إِلَى مَزِيْدٍ مِنَ الوَقْتِ، لِيَتَمَكَّنَ مِنَ القِيَادَةِ بِمُفْرَدِهِ.

هـ. إِنَّ الوَضْعَ الرَّاهِنَ يَعُوْدُ بِالنَّفْعِ عَلَى (**السَّوَادِ الأَعْظَمِ - الاِبْتِسَامَةِ الصَّفْرَاءِ - العُوْدِ الأَخْضَرِ**) مِنَ الدُّوَلِ الأَعْضَاءِ.

2. Translate the following sentences:

أ. كُلُّ تَحَرُّكٍ لِلْحُكُومَةِ سَيَكُونُ ابْنَ سَاعَتِهِ.

ب. رَفَضَ الأَبُ زَوَاجَ ابْنَتِهِ مِنْ لِصٍّ بِسَبَبِ أَنَّ مَاضِيَهُ أَسْوَدُ.

ج. مَتَى يُمْنَعُ اسْتِخْدَامُ الكَذِبَةِ البَيْضَاءِ؟

د. لَمْ يُوَافِقِ الزَّوْجُ عَلَى سَفَرِ الزَّوْجَةِ، وَاكْتَفَى بابْتِسَامَةٍ صَفْرَاءَ عِنْدَمَا سَأَلَتْهُ عَنْ رَأْيِهِ.

هـ. الزِّلْزَالُ أَكَلَ الأَخْضَرَ وَاليَابِسَ.

----

3. Match each expression from column (أ) with its meaning in column (ب):

(ب)	(أ)
a. to have a shady past	أ. أَكَلَ الأَخْضَرَ وَاليَابِسَ
b. insincere smile	ب. السَّوَادُ الأَعْظَمُ
c. to be inexperienced	ج. أَعْطَى الضَّوْءَ الأَخْضَرَ
d. the vast majority	د. كَذِبَةٌ بَيْضَاءُ
e. to allow something to happen	هـ ابْتِسَامَةٌ صَفْرَاءُ
f. devoured everything	و. عُوْدُهُ أَخْضَرُ
g. white lie	ز. مَاضِيهِ أَسْوَدُ

4. Fill in each of the blanks with the appropriate word from the list:

الضَّوْءَ - مَاضِيهِم - اِبْتِسَامَةً - الأَخْضَرَ - خَارِجَ - دَاهَمَهُمُ - عَقِبِ

أ. إِنَّ الحَرْبَ الأَهْلِيَّةَ الَّتِي بَدَأَتْ مُنْذُ عِشْرِيْنَ سَنَةٍ قَدْ أَكَلَتْ .... وَاليَابِسَ مِنْ مَوَارِدِ الصُّوْمَالِ وَقُوتِهِ.

ب. أَخْبَرْتُ وَزِيْرَ الدِّفَاعِ شَخْصِيًّا أَنَّ الأَسْلِحَةَ تَمَّتِ اِسْتِعَادَتُهَا، وَفِي الوَاقِعِ اِسْتَمَعَ لِي وَأَنْصَتَ، وَأَنَا مُتَأَكِّدٌ بِأَنَّهُ مَنَحَنِي .... صَفْرَاءَ.

ج. كَيْفَ يَتَخَطَّى السُّجَنَاءُ .... الأَسْوَدَ وَيُمَارِسُوْنَ حَيَاتَهُم بِشَكْلٍ طَبِيْعِيٍّ؟

د. قَالَ الرَّئِيْسُ الأُوْكرَانِيُّ فولوديمير زيلينسكي: إِنَّ النَّاتُو أَعْطَى الأَخْضَرَ لِقَصْفِ المُدُنِ بِرَفْضِهِ إِعْلَانِ أُوْكرَانْيَا مِنْطَقَةً .... «مَحْظُوْرَةً لِلطَّيَرَانِ».

5. Decide whether the following statements are true or false:

أ. "عُوْدُهُ أَخْضَرَ" تَعْنِي "experienced"

ب. "مَاضِيْهِ أَسْوَدُ" تَعْنِي "to have a shady past"

ج. "السَّوَادُ الأَعْظَمُ" تَعْنِي "black market"

د. "الكَذِبَةُ البَيْضَاءُ" تَعْنِي "insincere smile"

هـ. "ابْتِسَامَةٌ صَفْرَاءُ" تَعْنِي "to allow something to happen"

و. "أَكَلَ الأَخْضَرَ وَاليَابِسَ" تَعْنِي "devoured everything"

ز. "أَعْطَى الضَوْءَ الأَخْضَرَ" تَعْنِي "obliterated everything of substance"

6

Inanimate Objects

انْفَرَطَتِ الـمِسْبَحَةُ

for a group of people to become estranged from each other; to lose touch

رَامِي: كَيْفَ حَالُ أَبْنَاءِ أُمِّ خَالِدٍ؟
ابْتِهَالُ: لَيسَتْ عَلَى مَا يُرَام.
رَامِي: خَيْرًا، مَاذَا حَدَثْ؟
ابْتِهَالُ: لَمَّا مَاتَتْ أُمُّ خَالِدٍ **اِنْفَرَطَتِ المِسْبَحَةُ**، وَصَارَ أَوْلَادُهَا لَا يَتَقَابَلُونَ، فِعْلًا إِنَّهَا الأُمُّ الَّتِي تَجْمَعُ شَمْلَ الأَبْنَاءِ.

Ramy: How are Umm Khaled's children?
Ibtihal: They are not doing well.
Ramy: Oh no, what happened?
Ibtihal: When Umm Khaled died, her children became **estranged from each other** and have not reunited since. It was the mother that brought them together.

سِلاحٌ ذُو حَدَّيْن

double-edged sword; something that has both good and bad consequences

---

شِيْرِيْنُ: مَا رَأْيُكَ فِي الاسْتِخْدَامِ الحَالِي لِلْإِنْتَرْنِتْ؟
سَمَرُ: أَرَى أَنَّ الاِسْتِخْدَامَ الحَالِيَّ لِلإِنْتَرْنِتْ هُوَ **سِلَاحٌ ذُوْ حَدَّيْنِ.**
شِيْرِيْنُ: كَيفَ ذَلِكْ؟
سَمَرُ: يُمْكِنُ أَنْ يَكُوْنَ وَسِيْلَةً لِلتَّرْفِيْهِ، وَقَضَاءِ وَقْتٍ مُمْتِعٍ، أَوْ لِإِضَاعَةِ الوَقْتِ هَدْرًا.

Sherine: What do you think of the current usage of the internet?
Samar: The internet is a **double-edged sword**.
Sherine: What do you mean by that?
Samar: It can be used to entertain and pass the time, or to waste time.

عَلَى نَارٍ هَادِئَةٍ

doing something slowly and carefully

سَحْرُ: كَيْفَ تَسِيرُ وَرَقَةُ بَحْثِكِ الْجَدِيدَةُ؟
نُهَى: يَسْتَغْرِقُ الْأَمْرُ وَقْتًا طَوِيلًا لِأَنَّنِي أَكْتُبُهَا عَلَى نَارٍ هَادِئَةٍ.
سِحَرُ: هَذَا نَهْجٌ جَيِّدٌ.
نُهَى: أُرِيدُ التَّأَكُّدَ مِنْ أَنَّنِي لَمْ أغْفِلْ أَيَّ تَفَاصِيلَ.
سَحَرُ: هَذَا تَصَرُّفٌ حَكِيمٌ. الدِّقَّةُ أَمْرٌ بَالِغُ الْأَهَمِّيَّةِ لِهَذَا الْمَشْرُوعِ.
نُهَى: بِالتَّأْكِيدِ.

Sahar: How's your new research paper coming along?

Noha: It takes a little longer because I'm writing it slowly and carefully.

Sahar: That's a good approach.

Noha: I want to make sure I don't miss any details.

Sahar: That's wise. Accuracy is crucial for this project.

Noha: Definitely.

طَاشَ سَهْمُهُ (هَا)

off the mark; to lose sight

كَرِيْمٌ: لِمَاذَا أَنْتَ حَزِينٌ مُؤَخَرًا؟
بَاسِمٌ: أَشْيَاءُ كَثِيرَةٌ مُحْزِنَةٌ هَذِهِ الأَيَام.
كَرِيْمٌ: مَا أَكْثَرُ شَيْءٍ يُحْزِنُكَ؟
بَاسِمٌ: إِنَّهُ لَأَمْرٌ مُحْزِنٌ حَقًّا أَنْ نُلَاحِظَ أَنَّ جُزْءًا كَبِيْرًا مِنَ حُلْمِ إِنْسَانٍ قَدْ طَاشَ سَهْمُهُ.

Karim: Why are you sad lately?
Bassem: A lot of things are depressing me these days.
Karim: What do you find the most depressing?
Bassem: It is really sad to **lose sight** of a big part of one's dreams.

(تُ) يُدْلِي بِدَلْوِهِ (هَا)

to have a say on; to weigh in on

المُرَاسِلُ: مَا هِيَ آمَالُكُمْ بِالنِّسْبَةِ إلى الأُمَمِ المُتَّحِدَةِ؟

رَئِيْسُ الوُزَرَاءِ: نَأْمَلُ أَنْ نَرَى لِلأُمَمِ المُتَّحِدَةِ مَكَانَةً قَوِيَّةً عَلَى رَكَائِزِ التَّعَدُّدِيَّةِ، حَيْثُ يُمْكِنُ لِكُلِّ بَلَدٍ أَنْ **يُدْلِي بِدَلْوِهِ** فِي القَضَايَا العَالَمِيَّةِ.

المُرَاسِلُ: أَلَيْسَ هَذَا هُوَ الحَالُ الآنَ؟

رَئِيْسُ الوُزَرَاءِ: لِلأَسَفِ لَا.

Reporter: What are your hopes for the future of the United Nations?

Prime Minister: We hope to see a strong United Nations standing on the pillars of multilateralism, where every country can **weigh in on** global issues.

Reporter: Isn't this the case now?

Prime Minister: Unfortunately not.

دَقَّ نَاقُوْسُ الخَطَرْ

to raise or sound the alarm; to warn

رَامِي: مَا الَّذِي حَذَّرَ مِنْهُ كِبَارُ المُسْتَشَارِينَ الاِقْتِصَادِيِّينَ الحُكُوْمَاتِ فِي الشَّرْقِ الأَوْسَطِ؟

وَسِيْمٌ: حَاوَلَ عَدَدٌ مِنْ كِبَارِ المُسْتَشَارِينَ الاِقْتِصَادِيِّينَ **دَقَّ نَاقُوْسِ الخَطَرِ** قَبْلَ الاِنْهِيَارِ الاِقْتِصَادِيِّ.

رَامِي: وَهَلْ اِلْتَفَتَ صَانِعُو السِّيَاسَةِ إِلَى تَحْذِيْرَاتِهِمْ؟

وَسِيْمٌ: لَا يَبْدُو أَنَّ صَانِعِي السِّيَاسَةِ يَلْتَفِتُوْنَ إِلَى تَحْذِيْرَاتِهِمْ، مَعَ الأَسَفْ.

Rami: What did the senior economic advisors warn governments in the Middle East about?

Wassim: A number of top economic advisors tried to **sound the alarm** before the economic crash.

Rami: Did policy makers heed their warnings?

Wassim: Unfortunately, policy makers did not pay enough attention to their warnings.

زَوْبَعَةٌ فِي فِنْجَانْ

a storm in a teacup

الابْنُ: كَيْفَ تَرَى الاِحْتِجَاجَاتِ فِي الْبَحْرَيْنِ؟
الأَبُ: فِي رَأْيِي، هَذِهِ الاِحْتِجَاجَاتُ لَيْسَتْ إِلَّا **زَوْبَعَةً فِي فِنْجَانٍ.**
الابْنُ: كَيَفَ ذَلِكَ يَا أَبِي؟
الأَبُ: هِيَ اِحْتِجَاجَاتٌ مُفْتَعَلَةٌ حَرَّكَتْهَا حَمْلَاتٌ إِعْلَامِيَّةٌ مُضَلِّلَةٌ.

Son: What is your view on the protests in Bahrain?
Father: In my opinion, these protests are nothing but **a storm in a teacup.**
Son: How is that, father?
Father: These are fabricated protests driven by misleading media campaigns.

شَقّ (تْ) عَصَا الطَّاعَةْ

to rebel; to revolt; rebellion against

مَرْيَمُ: هل اِسْتَمَعْتِ إِلَى خِطَابِ رَئِيسِ الوَزَراءِ اللُبْنانِي؟
رَجَاءُ: نَعَمْ، كَانَ خِطَابًا طَوِيلًا مليئًا بِالتَحْذِيرَاتْ.
مَرْيَمُ: مِنْ مَاذَا تُحَذِّرُ الحُكُوْمَةُ؟
رَجَاءُ: تُحَذِّرُ الحُكُوْمَةُ مِنْ أَخْطَارِ الفِكْرِ المُتَطَرِّفِ، وَالتَّحَيُّزِ الدِّيْنِيِّ، وَشَقِّ **عَصَا الطَّاعَةِ** عَلَى قَادَتِهَا.

Mariam: Did you listen to the Lebanese Prime Minister's speech?

Rajaa: Yes, it was a long speech.

Mariam: What was it about?

Rajaa: The government warns of the dangers of extremist ideologies, religious prejudice, and **rebellion against** authority.

ظَهَرَ مَعْدَنُهُ (هَا)

to reveal one's true color or character

الزَّوْجَةُ: مَا هِيَ فَوَائِدُ أَزْمَتِكَ الأَخِيْرَةِ؟
الزَّوْجُ: لَقَدْ أَظْهَرَتِ الأَزْمَةُ الَّتِي مَرَرْتُ بِهَا **المَعْدَنَ** الحَقِيْقِيَّ لأَصْدِقَائِي المُقَرَّبِيْنَ.
الزَّوْجَةُ: كَيْفَ ذَلِكَ؟
الزَّوْجُ: فَمِنْهُمْ مَنْ تَخَلَّى عَنِّي بَعْدَ طَلَبِي مُسَاعَدَتَهُ، وَمِنْهُمْ مَنْ دَعَمَنِي دُوْنَ طَلَبٍ مِنِّي.

Wife: Is there a bright side to your recent crisis?
Husband: The ordeal that I passed through **revealed the true colors of** my close friends.
Wife: How is that?
Husband: Some of them abandoned me after I asked for help, and some of them supported me without me having to ask.

كُسِرَتْ شَوْكَتُهُ (هَا)

to overcome someone; subdue; inflict a crushing defeat

الاِبْنُ: هَلْ تابَعْتَ خِطَابَ الرَئِيسِ المَصْرِيِّ اليَوْمَ فِي المُؤْتَمَرِ الصَّحَفِيِّ؟
الأَبُ: أَكِيْدٌ، لَقَدْ كَانَ خِطَابًا مُهِمًّا جِدًّا.
الاِبْنُ: مَاذَا قَالَ الرَّئِيْسُ فِي خِطَابِهِ؟
الأَبُ: أَكَّدَ الرَّئِيْسُ أَنَّ أَيَّ عَمْلٍ دُوَلِيٍّ لِمَنْعِ الإِرْهَابِ أَوْ **كَسْرِ شَوْكَتِهِ**؛ يَجِبُ أَنْ يَتِمَّ بِالاِمْتِثَالِ الكَامِلِ لِلْقَانُوْنِ الدَّوَلِيِّ.

Son: Did you follow the Egyptian President's speech today in the press conference?
Father: Definitely, it was a very important speech.
Son: What did the president say?
Father: The President emphasized that any international action to prevent and **subdue** terrorism must be done in full compliance with international law.

عَلَى صَفِيْحٍ سَاخِنْ

to be in trouble or heat up

الصَّحَفِيُّ: كَيْفَ كَانَتْ مُحَادَثَاتُ السَّلَامِ بَيْنَ البَلَدِيْنِ؟
سِيَاسِيٌّ: كَانَتْ مُحَادَثَاتُ السَّلَامِ بَيْنَ البَلَدَيْنِ **عَلَى صَفِيْحٍ سَاخِنٍ** بَعْدَ فَشَلِ الجَانِبَيْنِ فِي الوُصُوْلِ إِلى أَيِّ اِتِّفَاقٍ.
الصَّحَفِيُّ: وَمَا هُوَ مُسْتَقْبَلُ مُحَادَثَاتِ السَّلَامِ؟
سِيَاسِيٌّ: لَا يُمكِنُ لِأَحَدٍ أَنْ يَتَوَقَّعَ ذَلِكْ.

Journalist: How were the peace talks between the two countries?
Politician: The peace talks **heated up** between the two countries after the two sides failed to reach any agreement.
Journalist: What happens next?
Politician: No one can predict that.

بَيْنَ الـمِطْرَقَةِ وَالسَّنْدَانِ / بَيْنَ شِقَّيِّ الرَّحَى

between a rock and a hard place; facing two unpleasant courses of action

---

سَمِيْرٌ: لِمَاذَا قَبَضَتِ الشُّرْطَةُ عَلَى هَذَا الرَّجُلِ؟
سَحَرُ: عَلِمَتِ الشُّرْطَةُ عَلَى وَجْهِ اليَقِيْنِ أَنَّهُ كَانَ يُخْفِي المُخَدِّرَاتِ فِي سَيَّارَتِهِ، فَكان بَيْنَ **شِقَّيِّ الرَّحَى**: إِمَّا أَنْ يَكْذِبَ عَلَى الشُّرْطَةِ، أَوْ أَنْ يَعْتَرِفَ بِأَنَّ المُخَدِّرَاتِ تَخُصُّهُ.
سَمِيْرٌ: مَتَى أَلْقَتِ الشُّرْطَةُ القَبْضَ عَلَيهِ؟
سَحَرُ: الأَسْبُوعِ المَاضِي.

Samir: Why did the police arrest this man?
Sahar: The police knew for sure that he was hiding drugs in his car, so he was caught **between a rock and a hard place**: either lie to the police or admit that the drugs belonged to him.
Samir: When did the police arrest him?
Sahar: Last week.

Exercises

1. Choose the correct answer from brackets below:

أ. السَّفَرُ بِالنِّسْبَةِ إِلَيَّ (**زَوْبَعَةٌ فِي فِنْجَانٍ - طَاشَ سَهْمُهُ - سِلَاحٌ ذُوْ حَدَّيْنِ**) لِزِيَارَةِ البِلَادِ المُخْتَلِفَةِ وَالتَّعَرُّفِ إِلَى أَصْدِقَاءٍ جُدُدٍ.

ب. أَصْبَحَتِ المِنْطَقَةُ بِأَكْمَلِهَا (**ظَهَرَ مَعْدَنُهَا - بَيْنَ شِقَّيِ الرَّحَى - زَوْبَعَةٌ فِي فِنْجَانٍ**) حَيْثُ تَوَاجِه تَمَرَّدَ الأَحزَابِ السَّيَاسِيَّةِ وشَبَحَ كُورُونَا.

ج. أَخِيرًا الرَئِيسُ (**سِلَاحٌ ذُوْ حَدَّيْنِ - يُدْلِي بِدَلْوِهِ - زَوْبَعَةٌ فِي فِنْجَانٍ**) فِي قَضِيَةِ اِنْفِجَارِ بَيرُوتَ.

د. المُشْكِلَاتُ (**طَاشَ سَهْمُهَا - كُسَرِتْ شَوْكَتُهَا - تُظْهِرُ مَعْدَنَ**) الأَصْدِقَاءِ الحَقِيْقِيَّ.

ه. أَكَّدَتِ الحُكُومَةُ أَنَّ الْكَلَامَ عَنِ ارتِفَاعِ الأَسْعَارِ مُجَرَّدُ إِشَاعَةٍ ومَا هَوَ إِلَّا (**عَلَى صَفِيْحٍ سَاخِنٍ - زَوْبَعَةٌ فِي فِنْجَانٍ - ظَهَرَ مَعْدَنُهُ**).

و. حَاوَلَ أَعْدَاؤُهُ إِيذَاءَهُ، وَلَكِنْ (**يُدْلِوا بِدَلْوِهِم - طَاشَ سَهْمُهُم - بَيْنَ شِقَّيِ الرَّحَى**) وَفَشَلُوا فِي ذَلِكَ.

ز. قَالَ الرَّئِيسُ مُحَمَّدُ وَلِد الغَزَوانَي: إِنَّ الاِنْتِصَارَ عَلَى الإِرْهَابِ يَتَطَلَّبُ (**طَاشَ سَهْمُهُ - يُدْلِي بِدَلْوِهِ - كَسْرَ شَوْكَتِهِ**) وحِرْمَانَهُ مِنَ البِيْئَةِ المُوَاتَيَةِ.

ح. رَغْمَ رَفْضِ أُسْرَتِهِ زَوَاجَهُ مِمَّنْ يُحِبُّ؛ فَإِنَّ صَدِيْقِي **(كُسِرَتْ شَوْكَتُهُ - شَقَّ عَصَا الطَّاعَةِ - ظَهَرَ مَعْدَنُهُ)** وَتَزَوَّجَهَا.

ط. فِي مُؤْتَمَرِ أَمَسِ قَامَ بِيل جيتس بـ **(يُدْلِي بِدَلْوِهِ - طَاشَ سَهْمُهُ - دَقَّ نَاقُوْسَ الخَطَرِ)** وَحَذَّرَ مِنْ ظُهُورِ فَيْرُوسَاتٍ جَدِيدَةٍ.

ي. سَيَظَلُّ العَالَمُ **(يُدْلِي بِدَلْوِهِ - عَلَى صَفِيحٍ سَاخِنٍ - سِلَاحٌ ذُوْ حَدَّيْنِ)** مَعَ زِيَادَةِ الحُرُوبِ وانتَشَارِ الأَمْرَاضِ.

2. Translate the following sentences:

أ. دَقَّ البَنْكُ الدُّوَلِيُّ نَاقُوْسَ الخَطَرِ بِسَبَبِ التَّغَيُّرَاتِ المُنَاخِيَّةِ، الَّتِي مِنَ المُحْتَمَلِ أَنْ تُؤَثِّرَ بِالسَّلْبِ فِي المَنَاطِقِ السَّاحِلِيَّةِ المُنْخَفِضَةِ فِي بَعْضِ الدُّوَلِ العَرَبِيَّةِ؛ مِنْهَا: تُوْنُسُ وَقَطَرُ، وَبِصِفَةٍ خَاصَّةٍ: مِصْرُ.

ب. هَلْ أَخْبَارُ عَزْلِ تِرَامْب مُجَرَّدُ زَوْبَعَةٍ فِي فِنْجَانٍ؟

ج. الصَّحَافَةُ سِلَاحٌ ذُوْ حَدَّيْنِ وَتَلْعَبُ أَدْوَارًا بَارِزَةً فِي الحَيَاةِ.

د. يَكْتُبُ التَّقْرِيرَ النِّهَائِيَّ عَلَى نَارٍ هَادِئَةٍ.

هـ. الوَاقِعُ أَنَّ مِنَ المُحْزِنِ أَنَّ كَثِيرًا مِمَّا كُنَّا نَحْلُمُ بِهِ قَدْ طَاشَ سَهْمُهُ.

----

3. Match each expression from column (أ) with its meaning in column (ب):

(ب)	(أ)
a. to rebel	أ. عَلَى صَفِيْحٍ سَاخِنٍ
b. to reveal one's true color	ب. كُسِرَتْ شَوْكَتُهُ
c. to sound the alarm	ج. زَوْبَعَةٌ فِي فِنْجَانٍ
d. facing two unpleasant dangerous	د. دَقَّ نَاقُوسَ الخَطَرِ
e. a storm in a teacup	هـ. ظَهَرَ مَعْدَنُهُ
f. to overcome someone	و. بَيْنَ شِقَّيِ الرَّحَى
g. to be in trouble	ز. شَقَّ عَصَا الطَّاعَةِ

4. Fill in each of the blanks with the appropriate word from the list:

صَفِيْحٍ - عَصَا - يُدْلِيَ - اِنْكَسَرَ- طَاشَ - السُّوْقِ
- بَشُوْشٌ - اِنْفَرَطَتِ - الأَنْفَاسَ

أ. العُلَمَاءُ يُحَذِّرُوْنَ مِنْ خُطُوْرَةِ الفِكْرِ المُتَطَرِّفِ وَشَقِّ .... الطَّاعَةِ وَالتَّحَزُّبِ الدِّيْنِيِّ.

ب. مِنْ دَوَاعِي القَلَقِ أَنَّ مَجْلِسَ الشَّبَابِ نَادِرًا مَا يُدْعَى إِلَى المُشَارَكَةِ فِي الجَلَسَاتِ وَالاِجْتِمَاعَاتِ الهَامَّةِ الَّتِي يَعْقِدُهَا مَجْلِسُ النُّوَّابِ، وَقَلَّمَا يُطْلَبُ إِلَيْهِ أَنْ .... بِدَلْوِهِ فِي الاِقْتِرَاحَاتِ وَالْوَثَائِقِ السِّيَاسِيَّةِ.

ج. أُصْلِحَتْ مُشْكِلَةُ الرَّهَائِنِ عَلَى .... سَاخِنٍ.

د. الوَاقِعُ أَنَّ مِنَ المُحْزِنِ أَنْ نُلَاحِظَ أَنَّ كَثِيْرًا مِمَّا كُنَّا نَحْلُمُ بِهِ قَدْ .... سَهْمُهُ.

هـ. مَعَ بِدَايَةِ ثَوَرَاتِ الرَّبِيْعِ العَرَبِيِّ .... المِسْبَحَةُ، وَانْسَحَبَ المُسْتَثْمِرُوْنَ الأَجَانِبُ مِنْ مِصْرَ، وَانْخَفَضَ سِعْرُ العُمْلَةِ المَحَلِّيَّةِ، وَزَادَتْ نِسْبَةُ البَطَالَةِ، وَارْتَفَعَتْ أَسْعَارُ المَوَادِّ الغِذَائِيَّةِ.

5. Decide whether the following statements are true or false:

أ. "سِلَاحٌ ذُوْ حَدَّيْنِ" تَعْنِي "double-edged sword"

ب. "ظَهَرَ مَعْدَنُهُ" تَعْنِي "to overcome someone"

ج. "شَقُّ عَصَا الطَّاعَةِ" تَعْنِي "to reveal one's true color"

د. "دَقَّ نَاقُوْسُ الخَطَرِ" تَعْنِي "a storm in a teacup"

هـ. "طَاشَ سَهْمُهُ" تَعْنِي "to have a say on"

و. "يُدْلِي بِدَلْوِهِ" تَعْنِي "to raise or sound the alarm"

ز. "عَلَى نَارٍ هَادِئَةٍ" تَعْنِي "old maid"

ح. "اِنْفَرَطَتِ المِسْبَحَةُ" تَعْنِي "to become separated"

ط. "زَوْبَعَةٌ فِي فِنْجَانٍ" تَعْنِي "to rebel"

ي. "كَسْرِ شَوْكَتِهِ" تَعْنِي "to be in trouble"

ك. "عَلَى صَفِيْحٍ سَاخِنٍ" تَعْنِي "facing two unpleasant dangerous"

7

The Earth and the Sky

أفَلَ نَجْمُهُ (ها)

his/her star has fallen; to lose one's game

هَدِيْرُ: أَيْنَ كُنْتَ أَمْسَ؟
عَلَاءٌ: أَمْسُ كُنْتُ فِي مَلْعَبِ بَرْشِلُوْنَة.
هَدِيْرُ: وَمَنْ قَابَلْتَ هُنَاكَ؟
عَلَاءٌ: قَابَلْتُ هُنَاكَ لَاعِبَ كُرَةٍ سَابِقٍ قَدْ أَفَلَ نَجْمُهُ.

Hadeer: Where were you yesterday?
Alaa: Yesterday I was in the Barcelona stadium.
Hadeer: Who did you meet?
Alaa: I met a former football player who used to be popular, but **his star has fallen**.

سَطَعَ نَجْمُهُ (هَا)

to become a star; to shoot to fame

عِزٌّ: مَنْ هُوَ أُوسِيتَا إِلَهِيمْ؟
شَاهِيْنٌ: أُوسِيتَا إِلَهِيمْ هُوَ مُمَثِّلٌ نَيْجِيْرِيٌّ مَشْهُوْرٌ بِوَسَائِلِ التَّوَاصُلِ مُؤَخَّرًا.
عِزٌّ: لِمَاذَا أَصْبَحَ مَشْهُوْرًا مُؤَخَّرًا بِوَسَائِلِ التَّوَاصُلِ؟
شَاهِيْنٌ: سَطَعَ **نَجْمُهُ** مُؤَخَّرًا بِوَسَائِلِ التَّوَاصُلِ بِسَبَبِ تَعَابِيْرِ وَجْهِهِ.

Ezz: Who is Osita Iheme?
Shaheen: Osita Iheme is a Nigerian actor who is very popular on social media.
Ezz: Why has he gone viral on social media lately?
Shaheen: He **became a star** because of his facial expressions.

بِرُخْصِ التُّرَابْ

very cheap; dirt cheap

أَمِيْرٌ: مِنْ أَيْنَ اشْتَرَيْتِ هَذَا الفُسْتَانَ الجَمِيْلَ؟
هَنَاءُ: اِشْتَرَيْتُهُ مِنْ مَتْجَرٍ بِجِوَارِ بَيْتِي.
أَمِيْرٌ: هَلْ يَبِيعُ هَذَا المَتْجَرَ أَشْيَاءَ أُخْرَى؟
هَنَاءُ: نَعَمْ، يَبِيْعُ كُلَّ مَا يَخُصُّ البَيْتَ وَالمَرْأَةَ مِنْ مَلَابِسَ وَمُسْتَلْزَمَاتٍ **بِرُخْصِ التُّرَابِ**.
أَمِيْرٌ: هَذَا رَائِعٌ!

Amir: Where did you buy this beautiful dress?
Hanaa: I bought it from a store near my house.
Amir: What else do they sell?
Hanaa: They sell a lot of different clothes and accessories, and it is **dirt cheap**.
Amir: This is wonderful!

لَا يُشَقُّ لَهُ (هَا) غُبَارْ

to be unbeatable; unrivaled

الأُمُّ: هَذَا طِفْلٌ رَائِعٌ.
الابْنَةُ: لِمَاذَا؟
الأُمُّ: هُوَ قَوِيٌّ وَوَاثِقٌ بِنَفْسِهِ أَمَامَ الكَامِيْرَاتِ.
الابْنَةُ: أَظُنُّ أَنَّهُ مَشْرُوعُ مُمَثِّلٍ نَاجِحٍ، **لَا يُشَقُّ لَهُ غُبَارٌ**.

Mother: That is an amazing kid.
Daughter: Why?
Mother: He is strong and confident in front of the cameras.
Daughter: I think he will be a successful and **unbeatable** actor in the future.

اِصْطَادَ (تْ) فِي الْمَاءِ الْعَكِرْ

to fish in troubled waters

الصَّحَفِيُّ: مَاذَا يَجِبُ أَنْ تَفْعَلَ الشَّرِكَاتُ الْخَاسِرَةُ؟
اَلْمُدِيرُ: قَدْ يَكُونُ مِنْ اَلضَّرُورِيِّ مُرَاجَعَةُ السِّيَاسَاتِ الرَّسْمِيَّةِ الَّتِي مِنَ الْوَاضِحِ أَنَّهَا خَاطِئَةٌ بَدَلًا مِنْ السَّمَاحِ لِلْمُنَافِسِينَ **بِالصَّيْدِ فِي الْمَاءِ الْعَكِرِ**.
الصَّحَفِيُّ: فِي رَأْيِكَ، هَلْ سَيَسْتَغْرِقُ هَذَا وَقْتًا طَوِيلًا؟
الْمُدِيرُ: رُبَّمَا، وَلَكِنَّ الْأَهَمَّ هُوَ أَنْ تَبْدَأَ هَذِهِ الشَّرِكَاتُ بِذَلِكَ.

Journalist: What should losing companies do?
Manager: It may be necessary to revise official policies which are ineffective rather than allow the competitors **to fish in troubled waters**.
Journalist: In your opinion, will this take a long time?
Manager: Perhaps, but the most important thing is for these companies to start doing so.

القَشَّةُ الأَخِيْرَةُ

the last straw

هَدِيْرُ: كَيْفَ تَرَى فَوْزَ فَرِيْقِ لِيْفَرْبُوْل عَلَى مَانْشِسْتَر؟
عُثْمَانُ: كَانَ فَوْزُ فَرِيْقِ لِيَفَرْبُوْلَ عَلَى فَرِيْقِ مَانْشِسْتَر سِيتِي ٣-١ مُهِمًّا جِدًّا.
هَدِيْرُ: لِمَاذَا؟
عُثْمَانُ: لِأَنَّهُ كَانَ بِمَثَابَةِ **القَشَّةِ الأَخِيْرَةِ** لِاسْتِمْرَارِ يورغن كلوب مَعَ الفَرِيْقِ.

Hadeer: What did you think about Liverpool's victory over Manchester City?

Othman: Liverpool's 3-1 victory over Manchester City was very important.

Hadeer: Why?

Othman: Because losing would have been the **last straw** for Jürgen Klopp's continuation with the team.

اِشْتَدَّ عُوْدُهُ (هَا)

to grow up; to mature

الجَدُّ: هل سَمِعْتِ عَنْ وَظِيْفةِ مراد الجديدةِ؟
الجَدَّةُ: نَعَم، إنَّهُ لَأَمْرٌ مُدْهِشٌ مَدَى سُرْعَةِ تَقَدُّمِهِ.
الجَدُّ: أتَذكَّرُ أيامَهُ الأولى عندما كانَ طِفْلاً.
الجَدَّةُ: الوقتُ يَمُرُّ بسرعةٍ.
الجَدُّ: نَعَم. هل تتذكَّرينَ كَيْفَ كانَ خَجولاً في الماضي؟
الْجَدَّةُ: بالتَّأْكِيدِ، إِنَّهُ يُدِيرُ الِاجْتِمَاعَاتِ كَمُحْتَرِفٍ الْآنَ. إِنَّ رُؤْيَتَهُ وَهُوَ **يَشْتَدُّ عُودُهُ** وَيَنْجَحُ لَأَمْرٌ مُبْهِجٌ.

Grandpa: Did you hear about Murad's new job?
Grandma: Yes, it's amazing how fast he's progressing.
Grandpa: I remember his early days as a child.
Grandma: Time flies.
Grandpa: Yes. Do you remember how shy he used to be?
Grandma: Sure, he's running meetings like a professional now. Seeing him **grow up** and succeed is a joy.

ذَهَبَ (تْ) أَدْرَاجَ الرِّيَاحْ

to fade away; gone with the wind

الأُمُّ: مَا أَخْبَارُ مَشْرُوعَكَ الجَدِيدْ؟
الإبْنُ: لَيْسَ جَيِّدًا مَعَ الأَسَفِ.
الأُمُّ: مَاذَا حَدَثَ؟
الإبْنُ: شَعَرْتُ بِالثِّقَةِ وَالقُوَّةِ، وَفَجْأَةً كُلُّ ذَلِكَ ذَهَبَ أَدْرَاجَ الرِّيَاحِ، وَخسَرتُ كُلَّ شَيْءٍ.
الأُمُّ: حاوِلْ مَرةً أُخْرَى وَسَتَنْجَحْ إِنْ شَاءَ اللهُ.

Mother: How is your new project going?
Son: Not good, unfortunately.
Mother: What happened?
Son: I had initially felt confident and strong, but suddenly after facing some major obstacles, it all **faded away** and I lost everything.
Mother: Try again and you will succeed, God willing.

فِي مَهَبِّ الرِّيْحْ

to be at risk or in danger

كَرِيمٌ: هَلْ سَمِعْتِ عَنِ الْمُشْكِلَاتِ الْمَالِيَّةِ الَّتِي تُوَاجِهُهَا الشَّرِكَةُ؟
آيَةُ: نعَمْ، هَذِهِ أَخْبَارٌ سَيِّئَةٌ.
كَرِيمٌ: قَدْ يُضْطَرُّونَ إِلَى تَسْرِيحِ بَعْضِ الْمُوَظَّفِينَ.
آيَةُ: قَدْ تَكُونُ وَظَائِفُنَا **فِي مَهَبِّ الرِّيْحِ** أَيْضًا.
كَرِيمٌ: بِالضَّبْطِ. أَنَا قَلِقٌ بِشَأْنِ مَا سَيَحْدُثُ بَعْدَ ذَلِكَ.
آيَةُ: رُبَّمَا يَجِبُ أَنْ نَبْدَأَ فِي الْبَحْثِ عَنْ فُرَصِ عَمَلٍ أُخْرَى.

Karim: Did you hear about the company's financial troubles?
Aya: Yes, this is bad news.
Karim: They might have to lay off some employees.
Aya: Our jobs could be **at risk** too.
Karim: Exactly. I'm worried about what will happen next.
Aya: We should probably start looking for other job opportunities.

شَرِيْعَةُ الغَابْ

the law of the jungle

الصَّحَفِيُّ: مَا هُوَ الشَّيْءُ الَّذِي تَمَنَّى الحِزْبُ أَنْ يَنْتَهِي؟
رَئِيْسُ حِزْبٍ سِيَاسِيّ: كُنَّا نَأْمَلُ أَنْ تَنْتَهِيَ **شَرِيْعَةُ الغَابِ**، بِاعْتِبَارِهَا السِّمَةَ الغَالِبَةَ لِلْعَلَاقَاتِ التِّجَارِيَّةِ الدُّوَلِيَّةِ، بِشَكْلٍ نِهَائِيّ.
الصَّحَفِيُّ: هَلْ ذَلِكَ مُمْكِنْ؟
رَئِيْسُ حِزْبٍ سِيَاسِيّ: نَتَمَنَّى ذَلِكْ.

Journalist: What is the one thing that your political party wishes would end?

President of a political party: The law of the jungle continues to be a dominant feature of international trade relations, and we want that to come to an end once and for all.

Journalist: Is that possible?

President of a political party: We hope so.

عَلَى مَرْمَى حَجَرْ

a stone's throw away; a very short distance

صَابِرٌ: أَنْتِ دَائِمًا تَأْتِيْنَ إِلَى العَمَلِ مُبَكِّرًا.
شَهِيْرَةُ: فِعَلًا. أَسْتَيقِظُ مُبَكِّرًا كُلَّ يَوْمٍ.
صَابِرٌ: أَيْنَ تَسْكُنِيْنَ؟
شَهِيْرَةُ: أَسْكُنُ قَرِيْبًا مِنْ مَكَانِ العَمَلِ الَّذِيْ يَقَعُ **عَلَى مَرْمَى حَجَرٍ** مِنْ بَيْتِي.
صَابِرٌ: هَذَا رَائِعٌ.

Saber: You always come to work early.
Shahira: True. I wake up early every day.
Saber: Where do you live?
Shahira: I live close to the workplace, which is **a stone's throw** from my house.
Saber: That is wonderful.

لَا غُبَارَ عَلَيْهِ (هَا)

faultless; perfect; flawless

أَمِيْنٌ: كَيْفَ حَالُ أَدَائِي فِي العَمَلِ؟ أَرْجُوْ أَنْ يَنَالَ إِعْجَابَكُمْ.
صَابِرٌ: عَمَلُكَ مُمْتَازٌ، **لَا غُبَارَ عَلَيْهِ**.
أَمِيْنٌ: سَعِيدٌ جِدًّا أَنَّهُ يَنَالُ إِعْجَابَكُمْ.
صَابِرٌ: نَحْنُ سُعَدَاءٌ بِكَ أَيْضًا.

Amin: How is my work performance? I hope it is satisfactory.
Saber: Your work is excellent and **flawless**!
Amin: I am very glad to hear that.
Saber: We are happy to have you too.

غَرَّدَ (تْ) خَارِجَ السِّرْبْ

to swim against the tide

الصَّحَفِيُّ: هَل هُنَاكَ بَلَدٌ عَرَبِيٌّ يَرْفُضُ المُشَارَكَةَ فِي مُؤْتَمَرِ المُنَاخِ العَالَمِيّ؟

الوَزِيْرُ: عَدِدٌ قَلِيلٌ مِنَ الدُّوَلِ العَرَبِيَّةِ يَرْفُضُ المُشَارَكَةَ.

الصَّحَفِيُّ: أَيُّ بَلَدٍ عَرَبِيّ تَحْدِيدًا يَرْفُضُ المُشَارَكَةَ فِي مُؤْتَمَرِ المُنَاخِ العَالَمِيّ؟

الوَزِيْرُ: لُبْنَانُ **يُغَرِّدُ خَارِجَ السِّرْبِ**، وَيَرْفُضُ المُشَارَكَةَ فِي مُؤْتَمَرِ المُنَاخِ العَالَمِيّ.

Journalist: Is there an Arab country that refuses to participate in the Climate Change Conference?

Minister: A small number of Arab countries refuse to participate.

Journalist: Which Arab country specifically refused to participate?

Minister: Lebanon **is swimming against the tide** and refused to participate in the Conference.

حِبْـرٌ عَلَى وَرَقْ

ink on a paper; to be of no value; words without action

الوَالِدُ: لِمَاذَا وَقَّعْتَ عَلَى الشِّيْكَاتِ يَا عَدْنَانُ دُوْنَ اِسْتِشَارَتِي؟
عَدْنَانُ: هَذَا إِجْرَاءٌ رُوْتِيْنِيٌّ، مُجَرَّدُ **حِبْرٍ عَلَى وَرَقٍ.**
الوَالِدُ: أَتَمَنَّى ذَلِكْ.
عَدْنَانُ: لَا تَقْلَقْ يَا وَالِدِي العَزِيْزُ، فَلَيْسَت هُنَاكَ أَيُّ مُشْكِلَة.

Father: Why did you sign the checks without consulting me?
Adnan: This is a routine procedure; it is just **ink on paper.**
Father: I hope so.
Adnan: Don't worry, dear dad, there is no problem.

Exercises

1. Choose the correct answer from brackets below:

أ. مُحَمَّدُ صَلَاحُ (**أَفَلَ نَجْمُهُ - سَطَعَ نَجْمُهُ - لَيِّنُ العَرِيْكَةِ**) فِي مَلَاعِبِ أُورُوبَّا فِي مَوْسِمِهِ الأَوَّلِ مَعَ نَادِي لِيْفَرْبُوْل الإِنْجِلِيْزِيِّ.

ب. بَقِيَتْ وُعُوْدُ الزَّوْجِ لِزَوْجَتِهِ بِحَيَاةٍ سَعِيْدَةٍ وَخَالِيَةٍ مِنَ المَتَاعِبِ مُجَرَّدَ (**بِرُخْصِ التُّرَابِ - شَرِيْعَةُ الغَابِ - حِبْرٍ عَلَى وَرَقٍ**) وَلَمْ يَتَحَقَّقْ أَيٌّ مِنْهَا بَعْدَ الزَّوَاجِ.

ج. كَانَ الخِلَافُ بَيْنَ الزَّوْجَيْنِ هُوَ (**القَشَّةُ الأَخِيْرَةُ - اِشْتَدَّ عُوْدُهُ - يُغَرِّدُ خَارِجَ السِّرْبِ**) الَّتِي تَسَبَّبَتْ فِي طَلَاقِهِمَا.

د. (**أَفَلَ نَجْمُ - سَطَعَ نُجْمُ - اِصْطَادَ فِي المَاءِ العَكِرِ**) ديبالا فِي دَوْرِي الدَّرَجَةِ الأُوْلَى الإِيْطَالِي فِي مَوْسِمِ ٢٠١٤- ٢٠١٥، إِذْ سَجَّلَ عَشَرَةَ أَهْدَافٍ فِي النِّصْفِ الأَوَّلِ مِنَ المَوْسِمِ.

هـ. عِنْدَمَا (**اِصْطَادَ فِي المَاءِ العَكِرِ - اِشْتَدَّ عُوْدُ - يُشَقُّ لَهُ غُبَارٌ**) الاِبْنِ سَاعَدَ وَالِدَهُ فِي تَحَمُّلِ نَفَقَاتِ المَعِيْشَةِ.

2. Translate the following sentences:

أ. الطُّلَّابُ يُرِيدُونَ عَادَةً أَنْ يَسْكُنُوا عَلَى مَرْمَى حَجَرٍ مِنَ الجَامِعَةِ.

ب. لَا يَتَّفِقُ صَدِيقِي أَحْمَدُ مَعَ أَحَدٍ فِي آرَائِهِ، فَهُوَ دَائِمًا يُغَرِّدُ خَارِجَ السِّرْبِ.

ج. نَحْنُ نَعِيشُ فِي عَصْرٍ تَحْكُمُهُ شَرِيعَةُ الغَابِ لِصَالِحِ الأَقْوِيَاءِ وَالأَثْرِيَاءِ الَّذِينَ تَلَطَّخَتْ أَيْدِيهِمْ بِدِمَاءِ الفُقَرَاءِ.

د. نَفَى مُدَرِّبُ بَرْشِلُوْنَة لُوِيس انريكي أَنْ يُسِيْءَ نَجْمُ الفَرِيقِ لِيُونِيل مِيسِّي التَّصَرُّفَ مَعَ الحُكَّامِ، وَقَالَ: إِنَّ سُلُوكَهُ لَا غُبَارَ عَلَيْهِ.

هـ. سَطَعَ نَجْمُ كِرِيسْتِيَانُو رُونَالْدُو فِي نَادِي مَانْشِسْتَرْ يُونَايْتِد.

و. المُلَاكِمُ الَّذِي لَا يُشَقُّ لَهُ غُبَارٌ آتٍ مِنْ بروارد فِي تِكْسَاس.

----

3. Match each expression from column (أ) with its meaning in column (ب):

(ب)	(أ)
a. a stone's throw	أ. اِشْتَدَّ عُوْدُهُ
b. to be unbeatable	ب. لَا غُبَارَ عَلَيْهِ
c. last chance	ج. عَلَى مَرْمَى حَجَرٍ
d. to become a star	د. ذَهَبَ أَدْرَاجَ الرِّيَاحِ
e. very cheap	هـ. القَشَّةُ الأَخِيْرَةُ
f. to grow up	و. بِرُخْصِ التُّرَابِ
g. faultless	ز. سَطَعَ نَجْمُه
h. to fade away	ح. لَا يُشَقُّ لَهُ غُبَارٌ

4. Fill in each of the blanks with the appropriate word from the list:

الضَّوْءَ - غُبَارَ - العَكِرِ - حِبْرًا - الغَابِ - طَارَ - السِّرْبِ - صَفِيْحٍ

أ. لِيْفَرْبُوْل يَصْطَادُ فِي المَاءِ .... وَيَسْتَغِلُّ أَحْوَالَ نَادِي رِيَال مَدْرِيْد لِيَخْطَفَ اللَّاعِبَ الفَرَنْسِيَّ كيليان إمبابي.

ب. فَرِيْقُ الأنتر يُغَرِّدُ خَارِجَ .... وَيَزْحَفُ نَحْوَ لَقَبِ الدَّوْرِي الإِيْطَالِيِّ.

ج. إِذَا اِخْتَفَى دَوْرُ القَانُوْنِ سَتَسُوْدُ شَرِيْعَةُ ....

د. عَمَلُ المُوَظَّفِ الجَدِيْدِ مُمْتَازٌ، وَلَا .... عَلَيْهِ.

170 The Earth and the Sky

هـ. التَّعَهُّدَاتُ الَّتِي قَطَعْنَاهَا مَعَ بِدَايَةِ العَامِ الجَدِيْدِ يَجِبُ أَلَّا تَظَلَّ .... عَلَى وَرَقٍ.

5. Decide whether the following statements are true or false:

أ. "اِشْتَدَّ عُوْدُه" تَعْنِي "to fade away"

ب. "بِرُخْصِ التُّرَابِ" تَعْنِي "very cheap"

ج. "ذَهَبَ أَدْرَاجَ الرِّيَاحِ" تَعْنِي "the law of the jungle"

د. "سَطَعَ نَجْمُهُ" تَعْنِي "to no longer be popular"

هـ. "شَرِيْعَةُ الغَابِ" تَعْنِي "a stone's throw"

و. "القَشَّةُ الأَخِيْرَةُ" تَعْنِي "to grow up"

ز. "أَفَلَ نَجْمُهُ" تَعْنِي "last chance"

ح. "الصَّيْدُ فِي المَاءِ العَكِرِ" تَعْنِي "to fish in troubled waters"

ط. "لَا يُشَقُّ لَهُ غُبَارٌ" تَعْنِي "to be fed up or tired with something"

8
The Senses

اِسْتَرَقَ (ت) السَّمْعْ

to eavesdrop

خَلِيْلٌ: لِمَاذَا اعْتَذَرَ خَالِدُ لِصَدِيْقِهِ؟
عَادِلٌ: قَالَ إِنَهُ اسْتَرَقَ السَّمْعَ عَلَيْهِ فِي مَنْزِلِهِ.
خَلِيْلٌ: مَتَى كَانَ هَذَا؟
عَادِلٌ: أَظُنُّ السَّبْت المَاضِي.
خَلِيْلٌ: هَذَا شَيْءٌ غَرِيْبٌ!
عَادِلٌ: لَقَدْ أَخْطَأَ حَقًّا، أَتَّفِقُ مَعَكْ.

Khalil: Why did Khaled apologize to his friend?
Adel: He said that he **eavesdropped** on him in his house.
Khalil: When did this happen?!
Adel: Last Saturday, I think.
Khalil: That is strange behavior!
Adel: I agree, it was uncharacteristic of him.

أَلْقَى (أَلْقَتْ) السَّمْعْ

to lend one's ear to someone

أُمَيْمَةُ: مَعَ مَنْ تَتَكَلَّمِينَ إِذَا كَانَتْ عِنْدَكِ مُشْكِلَةٌ؟
هُدَى: أَنَا أَتَكَلَّمُ مَعَ أُمِّي إِذَا كَانَتْ هُنَاكَ مُشْكِلَةٌ.
أُمَيْمَةُ: لِمَاذَا؟
هُدَى: هِيَ دَائِمًا تَهْتَمُّ بِي وَتُلْقِي إِلَيَّ سَمْعَهَا.
أُمَيْمَةُ: هَذَا عَظِيمٌ حَقًّا.

Omaima: Who do you talk to if you have a problem?
Huda: I talk to my mother if there is a problem
Omaima: Why?
Huda: She always takes care of me and **lends me her ear.**
Omaima: That's really great.

عَلَى مَرْأىً وَمَسْمَعْ

to be in full view

مُشِيْرَة: كَيْفَ تَرَيْن أَدَاءَ الْحُكُوْمَةِ فِي مُخْتَلَفِ الْمَجَالَاتِ؟
نَاهِد: أَدَاءُ الحُكُوْمَةِ فِي رَأْيِي غَيْرُ كَافٍ.
مُشِيْرَة: وَمَا الذِي يُعْجِبُكِ فِي أَدَاءِ الْحُكُوْمَةِ؟
نَاهِد: أَنَّهَا لَا تَزَالُ تَعْمَلُ **عَلَى مَرْأىً وَمَسْمَعٍ** مِنَ الصَّحَافَةِ وَالمُنَظَّمَاتِ غَيْرِ الحُكُوْمِيَّةِ المَحَلِّيَّةِ وَالدُّوَلِيَّةِ الحُرَّةِ.

Mushira: What do you think of the government's performance in various fields?

Nahed: In my opinion, the government's performance is insufficient.

Mushira: Are there any positive aspects about the government's performance?

Nahed: There is a good level of transparency, as it is still working **in full view of** the press and local and international non-governmental organizations.

مِلْءُ السَّمْعِ والبَصَرْ
famous; well-known

وَائِلٌ: مَنْ هُوَ لِيُونِيْل مِيْسِّي؟
لُوْقَا: لِيُونِيْل مِيْسِّي لَاعِبُ كُرَةِ قَدَمٍ مِلْءُ السَّمْعِ والبَصَرِ لَيْسَ فَقَطْ فِي أُوْرُوْبَّا، وَلَكِنْ فِي العَالَمِ بِأَسْرِهِ.
وَائِلٌ: مِنْ أَيْنَ هُوَ؟
لُوْقَا: مِنْ الأَرْجَنْتِيْنِ.

Wael: Who is Lionel Messi?
Luka: Messi is a soccer player who is **famous** not only in Europe, but in the entire world.
Wael: Where is he from?
Luka: From Argentina.

عَلَى مَدِّ البَصَرْ

as far as the eye could see

يُسْرَا: أَيْنَ مَزْرَعَتُكِ؟
إِيْمَانُ: بَنَى زَوْجِي لنا مَزْرَعَةً صَغِيْرةً في الصَّحراءِ، وَلَمْ يَكُنْ هُنَاكَ غَيْرُ التِّلَالِ المُتَمَوِّجَةِ **عَلَى مَدِّ البَصَرِ**.
يُسْرَا: رَائِعٌ، هَلْ يُمكنني أنْ أَزُور المَزْرَعةَ؟
إِيْمَانُ: بِالتَّأْكِيْدِ، مُرَحَّبٌ بكِ في أيِّ وقتٍ.

Yousra: Where is your farm?
Eman: My husband built us a small farm in the desert, where there was nothing but rolling hills **as far as the eye could see.**
Yousra: Amazing, can I visit the farm?
Eman: Of course, you are welcome anytime.

فِي لَمْحِ البَصَرْ

in no time; in a jiffy

الطَّبِيْبُ: مَتَى جَاءَتْ سَيَّارَةُ الإِسْعَافِ؟
الْمُمَرِّضُ: جَاءَتْ سَيَّارَةُ الإِسْعَافِ إِلَى المُصَابِ **فِي لَمْحِ البَصَرِ**.
الطَّبِيْبُ: كَيفَ حَالَةُ المَرِيضِ الْآنَ؟
الْمُمَرِّضُ: سَيِّئَةٌ لِلْغَايَةِ، مَعَ الْأَسَفِ.
الطَّبِيْبُ: سَأذهَبُ لَهُ الآن.

Doctor: When did the ambulance come?
Nurse: The ambulance arrived to pick up the patient **in no time**.
Doctor: How is the patient's condition now?
Nurse: Very bad, unfortunately.
Doctor: I will go check on him now.

نَافِذُ (نَافِذَةُ) البَصِيرَةِ

to be insightful, have a vision

عِمَادٌ: مَاذَا تَعْرِفُ عَنْ قَدَاسَةِ البَابَا بُوْلُس السَّادِسِ؟
مِيشِيلْ: أَعْرِفُ أَنَّهُ رَائِدُ التَّجْدِيدِ بِالْفَاتِيكَانِ.
عِمَادٌ: فِي رَأْيِكَ؛ مَا هِيَ أَهَمُّ آرَائِهِ؟
مِيْشِيْل: كَانَ قَدَاسَةُ البَابَا بُوْلُس السَّادِسُ **نَافِذَ البَصِيرَةِ** عِنْدَمَا قَالَ قَبْلَ أَكْثَرِ مِنْ ٣٠ عَامًا إِنَّ التَّنْمِيَةَ هِيَ الاِسْمُ الجَدِيْدُ لِلسَّلَامِ.

Emad: What do you know about His Holiness Pope Paul VI?
Michael: I know that he is a pioneer of reform in the Vatican.
Emad: What do you think is his most important contribution?
Michael: Pope Paul VI **was insightful** when he said more than thirty years ago that development was the new name for peace.

بَعِيدُ (بَعِيدَةُ) النَّظَرْ

to be visionary; creative

الصَّحَفِيُّ: مَا هِيَ التَّحَدِّيَاتُ الَّتِي تُوَاجِهُكُمْ؟
الْمُعَلِّمُ: نُوَاجِهُ تَحَدِّيَاتٍ كَبِيرَةً مِنْهَا زِيَادَةُ سَاعَاتِ الْعَمَلِ وَضَعْفُ الرَّوَاتِبِ.
الصَّحَفِيُّ: فِي رَأْيِكَ؛ مَا الَّذِي يَحْتَاجُ إليهِ الْمُعَلِّمُونَ لِمُوَاجَهَةِ التَّحَدِّيَاتِ الْحَالِيَّةِ؟
الْمُعَلِّمُ: لِمُوَاجَهَةِ التَّحَدِّيَاتِ الْحَالِيَّةِ، نَحْتَاجُ إِلَى وَزِيرٍ لِلتَّعْلِيمِ **بَعِيدِ النَّظَرِ** قَادِرٍ عَلَى التَّفْكِيرِ خَارِجَ الصُّنْدُوقِ وَمُسَاعَدَتِنَا عَلَى مُوَاجَهَةِ هَذِهِ التَّحَدِّيَاتِ.

Journalist: What challenges do teachers face?
Teacher: We face big challenges, including long working hours and low salaries.
Journalist: In your opinion, what do teachers need to face the current challenges?
Teacher: To meet today's challenges, we need a **visionary** Minister of Education who can think outside the box and help us face these challenges.

بِغَضِّ النَّظَرِ عَنْ

regardless of; no matter what

نِيْلِّلِيْ: مَنْ بِرَأْيِكَ يَحْمِي الأَطْفَالَ أَكْثَرَ، الآَبَاءُ أَمِ الأُمَّهَاتُ؟
هِشَامٌ: أَعْتَقِدُ أَنَّ الأُمَّهَاتِ يَحْمِيْنَ أَطْفَالَهُنَّ كَثِيْرًا، **بِغَضِّ النَّظَرِ عَنِ** العَوَاقِبِ.
نِيلْلِي: وَمَا هُوَ دَوْرُ الْآبَاءِ؟
هِشَامٌ: يُوَفِّرُ الْآبَاءُ الْحِمَايَةَ لِأَطْفَالِهِمْ وَيَضْمَنُونَ سَلَامَتَهُمْ أَيْضًا.

Nelly: Who do you think protects children more, fathers or mothers?

Hisham: I think mothers are more protective of their children, **regardless** of the consequences.

Nelly: What do you think is the role of fathers?

Hisham: Fathers provide both protection and ensure their well-being as well.

صَرَفَ (تِ) النَّظَرَ عَنْ

to dismiss or not pay attention to something; to decide against

---

سَعْدُ: هَلْ سَيَتَعَاقَدُ نَادِي رِيَال مَدْرِيْد مَعَ اللَّاعِبِ الفَرَنْسِيِّ كيليان مبابي؟
جُوْرْج: لَا أَظُنُّ ذَلِكْ.
سَعْدُ: لِمَاذَا؟
جُوْرْج: صَرَفَ نَادِي رِيَال مَدْرِيْد **النَّظَرَعَنِ** التَّعَاقُدِ مَعَ اللَّاعِبِ بِسَبَبِ اِرْتِفَاعِ قِيْمَةِ صَفْقَةِ الاِنْتِقَالِ.

Saad: Did Real Madrid sign French player Kylian Mbappe?
George: I do not think so.
Saad: Why?
George: Real Madrid has **decided against** signing him because of the high transfer value.

(ت) يَخْتَلِسُ النَّظَرَ إِلَى

to peek at someone; glance; spy on

زِيْنَةُ: مَاذَا فَعَلَ المُرَشَّحُ الجُمْهُورِيُّ لِلانْتِخَابَاتِ الأَمِرِيْكِيَّةِ دُوْنَالْد تِرَامْب فِي أَثْنَاءِ التَّصْوِيْتِ فِي الانْتِخَابَاتِ الأَمِرِيْكِيَّةِ؟

مَازِنٌ: **اِخْتَلَسَ** المُرَشَّحُ الجُمْهُورِيُّ لِلانْتِخَابَاتِ الأَمِرِيْكِيَّةِ دُوْنَالْد تِرَامْب **النَّظَرَ إِلَى** زَوْجَتِهِ فِي أَثْنَاءِ إِدْلَائِهَا بِصَوْتِهَا صَبَاحَ اليَوْمِ.

زِيْنَةُ: لِمَاذَا؟

مَازِنٌ: رُبَّمَا كَانَ يُرِيدُ أَنْ يَعْرِفَ لِمَنْ سَتُصَوِّتُ!

Zeina: What did Donald Trump do while voting in the US elections?

Mazen: Donald Trump **peeked at** his wife while she was casting the vote this morning.

Zeina: Why?

Mazen: Maybe he wanted to know who she's voting for!

تَوَارَى (تَوَارَتْ) عَنِ الأَنْظَارْ

to keep out of sight; to disappear from view

نَهْلَةُ: هَلْ تَعْرِفِيْنَ أَيْنَ عُلَا؟
هُدَى: لَا، وَلَكِنْ لِمَاذَا تِسْأَلِينَ عَنْهَا؟
نَهْلَةُ: بَعْدَ وَفَاةِ وَالِدَتِهَا **تَوَارَتْ عَنِ الأَنْظَارِ**، وَلَا أَحَدَ يَعْرِفُ أَيْنَ هِيَ.
هُدَى: أَتَمَنَّى أَنْ تَكُونَ بِخَيرٍ.

Nahla: Do you know where Ola is?
Huda: No, but why are you asking about her?
Nahla: After her mother's death she **disappeared**, and no one knows where she is.
Huda: I hope she is fine.

غَضَّ (تِ) الطَّرْفَ عَنْ

to turn a blind eye to something

ثَرْوَتُ: كَيْفَ تَرَى تَعَامُلَ الْمُجْتَمَعِ الدُّوَلِيِّ مَعَ قَضَايَا التَّفْرِقَةِ الْعُنْصُرِيَّةِ؟
هَانِي: سَلْبِي جِدًّا، مَعَ الأَسَفِ.
ثَرْوَتُ: كَيْفَ يَجِبُ أَنْ يَتَعَامَلَ الْمُجْتَمَعُ الدُّوَلِيُّ مَعَ هَذِهِ الْقَضَايَا؟
هَانِي: يَنْبَغِي لِلمُجْتَمَعِ الدُّوَلِيِّ أَلَّا يُوَاصِلَ **غَضَّ الطَّرْفِ عَنْ** هَذِهِ الجَرَائِمِ الشَّنِيْعَةِ.

Tharwat: What is your view on how the international community deals with issues of racial discrimination?
Hani: Very negative, unfortunately.
Tharwat: How should the international community deal with these issues?
Hani: The international community should not continue to **turn a blind eye to** these heinous crimes.

Exercises

1. Choose the correct answer from brackets below:

أ. الرَّجُلُ ضَرَبَ صَدِيْقَهُ فِي الشَّارِعِ (بَيْنَ المِطْرَقَةِ وَالسَّنْدَانِ - عَلَى مَرْمَى حَجَرٍ - عَلَى مَرْأىً وَمَسْمَعٍ) مِنْ أَسْرَتِهِ وَجِيْرَانِهِ.

ب. المُجْتَمَعُ الدُّوَلِيُّ (صَرَفَ النَّظَرَ عَنْ - غَضَّ الطَّرْفَ عَنْ - بِغَضِّ النَّظَرِ عَنْ) قَتْلِ الأَطْفَالِ وَالنِّسَاءِ بِدُوْنِ أَيِّ ذَنْبٍ فِي عَدَدٍ مِنَ المُدُنِ بِالْعَالَمِ الثَّالِثِ.

ج. مُحَادَثَاتُ السَّلَامِ (عَلَى مَرْمَى حَجَرٍ - عَلَى مَرْأىً وَمَسْمَعٍ - عَلَى صَفِيْحٍ سَاخِنٍ) بَعْدَ أَنْ رَفَضَ كُلٌّ مِنَ البَلَدَيْنِ كُلَّ الاِقْتِرَاحَاتِ المُقَدَّمَةِ لِوَقْفِ الحَرْبِ بِيْنَهُمَا.

د. لَا شَيْءَ سِوَى الصَّحْرَاءِ عَلَى (مِلْءِ السَّمْعِ والبَصَرِ - لَمْحِ البَصَرِ - مَدِّ البَصَرِ).

هـ. أُحِبُّ الطِّفْلَ الَّذِي (أَلْقَى السَّمْعَ - عَلَى مَرْأىً ومَسْمَعٍ - يَخْتَلِسُ النَّظَرَ) إِلَى هَدَايَا عِيْدِ المِيْلَادِ.

و. لاَ تَعْرِفُ أُخْتِي كَيفَ تُحَضِّرُ الطَّعَامَ فَهِيَ (لَهَا بَاعٌ طَوِيْلٌ - نَافِذَةُ البَصِيْرَةِ - قَصِيْرَةُ البَاعِ) بِالْطَّبْخِ.

ز. كَانَ عَمْرُو بنُ الْعَاصِ قَائِدًا (ضَاقَ ذَرْعًا - نَافِذَ البَصِيْرَةِ - قَصِيْرَ البَاعِ).

2. Translate the following sentences:

أ. زَعِيْمُ كُوْرِيَا الشَّمَالِيَّةِ، كِيْم جُوْنْغ أُوْن، تَوَارَى عَنِ الأَنْظَارِ مُنْذُ مُدَّةٍ تَزِيْدُ عَلَى الشَّهْرِ، وَسَطَ عِدَّةِ شَائِعَاتٍ حَوْلَ تَرَدِّي وَضْعِهِ الصِّحِيّ، لَا سِيَّمَا أَنَّهُ فَقَدَ الكَثِيْرَ مِنْ وَزْنِهِ خِلَالَ الآوِنَةِ الأَخِيْرَةِ.

ب. بَعْدَ عَشْرِ سَنَوَاتٍ مِنِ اِنْدِلَاعِ الصِّرَاعِ السُّوْرِيِّ، تَصْطَفُّ المُخَيَّمَاتُ عَلَى مَدِّ البَصَرِ فِي قَرْيَةِ قَاح شَمَالِ إِدْلِب.

ج. تَشَاجَرَ الزَّوْجَانِ عَلَى مَرْأىً وَمَسْمَعٍ مِنْ وَالِدَيْهِمَا وَأَطْفَالِهِمَا.

د. يَنْبَغِي لَنَا حَلُّ هَذِهِ القَضِيَّةِ فِي لَمْحِ البَصَرِ.

ه. الأُمُّ تَحْمِي أَوْلَادَهَا بِشَرَاسَةٍ، بِغَضِّ النَّظَرِ عَنِ النَّتَائِجِ.

و. كَانَ الشَّيْخُ زَايِد إِنْسَانًا حَكِيْمًا نَافِذَ البَصِيْرَة، بَنَى دَوْلَةً حَدِيْثَةً فِي قَلْبِ الصَّحَرَاءِ.

----

3. Match each expression from column (أ) with its meaning in column (ب):

(ب)	(أ)
a. to be insightful	أ. عَلَى مَدِّ البَصَر
b. to keep out of sight	ب. فِي لَمْحِ البَصَرِ
c. to peek at someone	ج. بِغَضِّ النَّظَرِ عَن
d. to dismiss or pay no attention to something	د. اِسْتَرَقَ السَّمْع
e. no matter what	هـ. صَرَفَ النَّظَرَ عَن
f. in no time	و. تَوَارَى عَنِ الأَنْظَار
g. as far as the eye could see	ز. يَخْتَلِسُ النَّظَرَ إِلَى
h. to eavesdrop	ح. نَافِذُ البَصِيْرَة

4. Fill in each of the blanks with the appropriate word from the list:

العَكِرِ - حِبْرًا - الغَابِ - السِّرْبِ - يَسْتَرِقُ - نَافِذَ -
اِصْرِفِ – تَوَارَى - غَضِّ - النَّظَرِ - مِلْءَ

أ. يَجِبُ عَلَى المُجْتَمَعِ الدُّوَلِيِّ أَلَّا يَسْتَمِرَ فِي .... الطَّرْفِ عَنْ جَرَائِمِ العُنْفِ ضِدَّ المَرْأَةِ.

ب. .... الرَّجُلُ عَنِ الأَنْظَارِ بَعْدَ اِتِّهَامِ شَرِيْكِهِ لَهُ بِالسَّرِقَةِ.

ج. "فِيْسْبُوْك" .... السَّمْعَ عَلَى التَّسْجِيْلَاتِ الصَّوْتِيَّةِ لِمُسْتَخْدِمِيْهِ.

د. كَانَ أَحْمَدُ شَوْقِي شَاعِرًا .... السَّمْعِ والبَصَرِ فِي الشَّرْقِ الأَوْسَطِ فِي القَرْنِ التَّاسِعِ عَشْرَ.

هـ. .... النَّظَرَ عَنْ الَّذِيْنَ يَسْخَرُوْنَ مِنْكَ.

و. كَانَ الرَّئِيسُ السَابِقُ مُلْهَمًا .... البَصِيْرَةِ حِينَ قَالَ: إِنَّ التَّنْمِيَةَ هِيَ الاسْمُ الجَدِيدُ لِلسَّلَامِ.

ز. نَحْنُ بِحَاجَةٍ إِلَى رُؤْيَةٍ جَدِيدَةٍ وَآفَاقٍ جَدِيدَةٍ وَإِلَى نَهْجٍ بَعِيدِ .... لِمُعَالَجَةِ الإِخْفَاقَاتِ المُتَتَالِيَةِ.

5. Decide whether the following statements are true or false:

أ. "صَرَفَ (تِ) النَّظَرَ عَن" تَعْنِي "to disappear from view"

ب. "مِلْءُ السَّمْعِ والبَصَرِ" تَعْنِي "in full view"

ج. "غَضَّ الطَّرْفِ عَنْ" تَعْنِي "in no time"

د. "عَلَى مَدِّ البَصَرِ" تَعْنِي "as far as the eye could see"

هـ. "فِي لَمْحِ البَصَرِ" تَعْنِي "regardless of"

و. "يَخْتَلِسُ النَّظَرَ إِلَى" تَعْنِي "to be fed up or tired with something"

ز. "تَوَارَتْ عَنِ الأَنْظَارِ" تَعْنِي "to peek at someone"

ح. "أَلْقَى السَّمْعَ" تَعْنِي "to overhear"

ط. "بِغَضِّ النَّظَرِ عَنِ" تَعْنِي "in no time"

ي. "نَافِذُ البَصِيرَةِ" تَعْنِي "to be insightful"

ك. "بَعِيْدُ النَّظَرِ" تَعْنِي "creative"

Idioms Listed Alphabetically

قَائِمَةُ التَّعَابِيْرِ اللُّغَوِيَّةِ أَبْجَدِيًّا

حرف الألف

ابْن
ابْنُ (بِنْتُ) البَطَّةِ السَّوْدَاء 68
ابْنُ (بَنْتُ) سَاعَتِهِ (هَا) 104
ابْتِسَامَةْ
ابْتِسَامَةٌ صَفْرَاءْ 130
أَبِيْهِ
عَنْ بَكْرَةِ أَبِيْهِ (هَا) 112
أَخْضَرْ/ الأَخْضَرْ
أَعْطَى (تِ) الضَوْءَ الأَخْضَر 124
أَكَلَ (تْ) الأَخْضَرَ وَاليَابِس 125
عُوْدُهُ (هَا) أَخْضَر 126
أَسْوَدْ
مَاضِيْهِ (هَا) أَسْوَدْ 128
الأَسَدْ
نَصِيْبُ/ حِصَّةُ الأَسَدْ 70
الأَنْفَاس
(تَ) يَحْبِسُ الأَنْفَاس 100
الأَنْفُسْ
بِشِقِّ الأَنْفُسْ 106
الأوان
أَنَ الأوان 84
فَاتَ الأَوَان 86
أَنْ
أَنَ الأَوَان 84
فِي أَن واحد 85

الآية
اِنْقَلَبَتِ الآيَة 97
البَصَرْ/ البَصِيْرَةْ
عَلَى مَدِّ البَصَرْ 178
فِي لَمْحِ البَصَرْ 179
مِلْءُ السَّمْعِ والبَصَرْ 177
نَافِذُ (نَافِذَةُ) البَصِيْرَةْ 180
التُّرَاب
بِرُخْصِ التُّرَاب 156
التَّمَاسِيْح
(تَ) يَذْرُفُ دُمُوْعَ التَّمَاسِيْح 73
الحَلْق
شَوْكَةٌ فِي الحَلْق 25
غُصَّةٌ بِالحَلْق 26
الرِّيْحُ / الرِّيَاحْ
ذَهَبَ (تْ) أَدْرَاجَ الرِّيَاح 161
فِي مَهَبِّ الرِّيْحْ 162
السَّرَّاءْ
فِي السَّرَّاءِ والضَّرَّاءِ 110
السِّرْبْ
غَرَّدَ (تْ) خَارِجَ السِّرْبْ 166
السَّمْعْ/ مَسْمَعْ
اِسْتَرَقَ السَّمْعْ 174
أَلْقَى السَّمْعْ 175
عَلَى مَرْأَىً وَمَسْمَعْ 176
مِلْءُ السَّمْعِ والبَصَرْ 177

	المَاء		**السَّوَاد**
158	إِصْطَادَ (ت) في المَاءِ العَكِر	127	السَّوَادُ الأَعْظَم
	المِحَكّ		**الصُّعَدَاء**
111	وُضِعَ عَلَى المِحَكّ	99	تَنَفَّسَ (تَنَفَّسَتْ) الصُّعَدَاء
	المِرَاس		**الصُّنْدُوق**
114	صَعْبُ (صَعْبَةُ) المِرَاس	105	خَارِجَ الصُّنْدُوق
	المِسْبَحَة		**الطَّرْف**
136	انْفَرَطَتِ المِسْبَحَة	186	غَضَّ (ت) الطَّرْفَ عَنْ
	المِطْرَقَة		**العَرِيكَة**
	بَيْنَ المِطْرَقَةِ والسَّنْدَانِ / بَيْنَ شِقَّيِ الرَّحَى	113	لَيِّنُ (لَيِّنَةُ) العَرِيكَة
147			بَيْنَ المِطْرَقَةِ والسَّنْدَانِ / بَيْنَ شِقَّيِ الرَّحَى
	النَّظَر/ الأَنْظَار	147	
181	بَعِيدُ (بَعِيدَةُ) النَّظَر		**العَقْل**
182	بِغَضِّ النَّظَرِ عَنْ	2	يَأْخُذُ العَقْل
185	تَوَارَى (تَوَارَتْ) عَنِ الأَنْظَار	3	طَارَ عَقْلُهُ (هَا)
183	صَرَفَ (ت) النَّظَرَ عَنْ		**الغَاب**
184	(ت) يَخْتَلِسُ النَّظَرَ إِلَى	163	شَرِيعَةُ الغَاب
	النَّهَار		**الفَرَس**
88	في وَضَحِ النَّهَار	75	هَذَا مَرْبِطُ الفَرَس
	الوَقْت		**القَشَّة**
89	دَاهَمَهُ (هَا) الوَقْت	159	القَشَّةُ الأَخِيرَة
	أَنْف		**القَصِيد**
19	رَغْمَ أَنْف	103	بَيْتُ القَصِيد
20	وَضَعَ (ت) أَنْفَهُ (هَا) في الأَمْر		**الكَلِمَات**
	أُنْمُلَة	98	تَخُونُهُ (هَا) الكَلِمَات
50	قَيْدُ أُنْمُلَة		**الكَيْل**
	أَوَّل	102	طَفَحَ الكَيْل
83	أَوَّلًا بِأَوَّل		**اللِّسَان / لِسَان**
	أَيَادٍ	21	زَلَّةُ لِسَان
45	لَهُ (هَا) يَدٌ / أَيَادٍ بَيْضَاء	22	سِيرَتُهُ (هَا) عَلَى كُلِّ لِسَان
		23	طَوِيلُ (طَوِيلَةُ) اللِّسَان
		24	عَلَى طَرَفِ لِسَان

	حرف الخاء			حرف الباء
	خَاطِر			بَاع/البَاع
96	إنْكَسَرَ خَاطِرُهُ/هَا	48		قَصِيرُ (قَصِيرَةُ) البَاع
61	عَلَى قَدَمٍ وَسَاق	49		لَهُ (هَا) بَاعٌ طَوِيلٌ
				بَيْت
	حرف الدال	103		بَيْتُ القَصِيد
	دَم			بَيْص
51	بِدَمٍ بَارِد	101		حَيْصَ بَيْص
52	ثَقِيلُ (ثَقِيلَةُ) الدَّم			بَيْضَاء
53	خَفِيفُ (خَفِيفَةُ) الدَّم	45		لَهُ (هَا) يَدٌ / أَيَادٍ بَيْضَاء
54	بِدَمٍ/ بِدِمَاءٍ جَدِيد (ة)	129		كَذِبَةٌ بَيْضَاء
55	(ت) يَجْرِي فِي الدَّم			بَطَّة
	دُمُوع	68		ابْنُ (بِنْتُ) البَطَّةِ السَّوْدَاء
73	(ت) يَذْرِفُ دُمُوعَ التَّمَاسِيح			
	دَلْو			حرف الجيم
140	(ت) يُدْلِي بِدَلْوِهِ (هَا)			جَفْن/جُفُون
		17		دُونَ أَنْ يُطْرَفَ لَهُ (هَا) جَفْن
	حرف الذال	18		نَامَ (ت) مِلْءَ الجُفُون
	ذَرْعًا			جَنَاح
115	ضَاقَ (ت) ذَرْعًا	69		يَخْفِضُ (تَخْفِضُ) جَنَاحَهُ (هَا)
	ذِرَاع			جَوَاد
36	سَاعِدُهُ (هَا) الأَيْمَن/ ذِرَاعُهُ (هَا) اليُمْنَى	74		تَرَجَّلَ (ت) عَنْ صَهْوَةِ جَوَادِهِ (هَا)
	حرف الراء			حرف الحاء
	رَأْس			حِبْر
4	رَأْسًا عَلَى عَقِب	167		حِبْرٌ عَلَى وَرَق
5	دَفَنَ (ت) رَأْسَهُ (هَا) فِي الرِّمَال			حَجَر
		72		ضَرَبَ (ت) عُصْفُورَيْنِ بِحَجَرٍ وَاحِد
	حرف السين	164		عَلَى مَرْمَى حَجَر
	سَاعِدُه			حَيْص
36	سَاعِدُهُ (هَا) الأَيْمَن/ ذِرَاعُهُ (هَا) اليُمْنَى	101		حَيْصَ بَيْص
37	شَمَّرَ (ت) عَنْ سَاعِدَيْهِ (هَا)			

	عُصْفُورْ		**سَاعَة**
71	العُصْفُورَةُ أَخْبَرَتْنِي	104	ابْنُ (بِنْتُ) سَاعَتِهِ (هَا)
72	ضَرَبَ (ت) عُصْفُورَيْنِ بِحَجَرٍ وَاحِد		**سَاق**
	قَوْسَيْن	59	أَطْلَقَ (ت) سَاقَيْهِ (سَاقَيْهَا) لِلرِّيح
87	قَابَ قَوْسَيْنِ أَوْ أَدْنَى		**سِلَاخ**
	عَضُدْ	137	سِلَاحٌ ذُو حَدَّيْن
56	شَدَّ (ت) عَضُدَهُ (هَا)		**سَهْمُه**
	عَضَلَات	139	طَاشَ سَهْمُهُ (هَا)
35	اسْتَعْرَضَ (ت) عَضَلَاتَهُ (هَا)		
	عُودُه		**حرف الشين**
160	اشْتَدَّ عُودُهُ (هَا)		**شَوْكَة**
126	عُودُهُ (هَا) أَخْضَر	145	كُسِرَتْ شَوْكَتُهُ (هَا)
	عَيْن / العَيْن	57	فَتَّ فِي عَضُد
14	العَيْنُ بِالْعَيْن		
15	قُرَّةُ عَيْن		**حرف الصاد**
16	نُصْبَ عَيْنَيْهِ (هَا)		**صَدْر**
		27	أَثْلَجَ صَدْرَهُ (هَا)
	حرف الغين	28	اتَّسَعَ صَدْرُهُ (هَا)
	غُبَار	29	بِصَدْرٍ رَحْب
165	لَا غُبَارَ عَلَيْهِ (هَا)		**صَفْرَاء**
157	لَا يُشَقُّ لَهُ (هَا) غُبَار	130	ابْتِسَامَةٌ صَفْرَاء
			صَفِيح
	حرف الفاء	146	عَلَى صَفِيحٍ سَاخِن
	فِنْجَان		**صَيْحَة**
142	زَوْبَعَةٌ فِي فِنْجَان	82	آخِرُ صَيْحَة
	حرف القاف		**حرف العين**
	قَدَم		**عَرِيكَة**
60	عَلَى قَدَمِ المُسَاوَاة	113	لَيِّنُ العَرِيكَة
61	عَلَى قَدَمٍ وَسَاق		**عَصَا**
	قَلْب	143	شَقَّ (ت) عَصَا الطَّاعَة
30	انْفَطَرَ قَلْبُهُ (هَا)		
31	ذُو (ذَاتُ) قَلْبٍ أَسْوَد		

		رَقَّ قَلْبُهُ (هَا) لِـ	32	
حرف الواو		عَنْ ظَهْرِ قَلْب	33	
وَاحِدْ		قَلْبًا وَقَالَبًا	34	
فِي آنٍ وَاحِدْ	85			
		حرف الكاف		
وَجْهَ		كَبِدْ		
أَرَاقَ (ت) مَاءَ وَجْهِهِ (هَا)	6	يُصِيبُ (تُصِيبُ) كَبِدَ الحَقِيقَة	58	
بَشُوشُ (بَشُوشَةُ) الوَجْه	7	كَذِبَة		
حَفِظَ (ت) مَاءَ وَجْهِهِ (هَا)	8	كَذِبَةٌ بَيْضَاء	129	
دُونَ وَجْهِ حَقّ	9			
ذُو (ذَاتُ) وَجْهَين	10	**حرف الميم**		
وَجْهَانِ لِعُمْلَةٍ وَاحِدَة	11	مَضْضْ		
وَجْهُهُ (هَا) مَقْلُوب	12	عَلَى مَضَضْ	108	
هَائِمٌ (هَائِمَةٌ) عَلَى وَجْهِهِ (هَا)	13	مَعْدَنْ		
وَرَقْ		ظَهَرَ مَعْدِنُهُ (هَا)	144	
حِبْرٌ عَلَى وَرَق	167	مُقَدِّمَات		
		بِدُونِ مُقَدِّمَات	107	
حرف الياء				
يَدْ / أَيَادٍ		**حرف النون**		
أَخَذَ (ت) بِيَدِهِ (هَا)	38	نَارْ		
أُسْقِطَ (ت) فِي يَدِهِ (هَا)	39	عَلَى نَارٍ هَادِئَةٍ	138	
أَطْلَقَ (ت) يَدَهُ (هَا)	40	نَاقُوسْ		
خَاوِي (خَاوِيَةُ) اليَدَيْنِ/الوِفَاض	41	دَقَّ نَاقُوسُ الخَطَر	141	
ضَيِّقُ (ذَاتُ) اليَد	42	نَجْمْ		
طَوِيلُ (طَوِيلَةُ) اليَد	43	أَفَلَ نَجْمُهُ (هَا)	154	
قَصِيرُ (قَصِيرَةُ) اليَد / لَا حَوْلَ لَهُ (هَا)	44	سَطَعَ نَجْمُهُ (هَا)	155	
لَهُ (هَا) يَدٌ / أَيَادٍ بَيْضَاء	45	نِكَايَة		
مَا بِاليَدِ حِيلَة	46	نِكَايَةً فِي	109	
يَدٌ مُلَطَّخَةٌ بِالدَّم	47			

www.ingramcontent.com/pod-product-compliance
Lightning Source LLC
Jackson TN
JSHW011914060325
80045JS00003B/3
* 9 7 8 1 6 4 9 0 3 4 2 1 2 *